赵玉平说中国智慧

领导的气场

8堂课讲透中国式领导智慧

赵玉平————著

北京联合出版公司
Beijing United Publishing Co.,Ltd.

图书在版编目（CIP）数据

领导的气场：8堂课讲透中国式领导智慧：白金版/赵玉平著.—北京：北京联合出版公司，2015.2（2024.2重印）

ISBN 978-7-5502-4396-5

Ⅰ.①领… Ⅱ.①赵… Ⅲ.①领导艺术—中国 Ⅳ.①C933.2

中国版本图书馆CIP数据核字（2014）第303005号

领导的气场：8堂课讲透中国式领导智慧：白金版

作　　者：赵玉平
出 品 人：赵红仕
选题策划：北京时代光华图书有限公司
责任编辑：王　巍
特约编辑：李淼淼
封面设计：新艺书文化

北京联合出版公司出版
（北京市西城区德外大街83号楼9层　　100088）
北京时代光华图书有限公司发行
北京雁林吉兆印刷有限公司印刷　　新华书店经销
字数216千字　　787毫米×1092毫米　　1/16　　17印张
2015年2月第1版　　2024年2月第10次印刷
ISBN 978-7-5502-4396-5
定价：68.00元

版权所有，侵权必究
未经书面许可，不得以任何方式转载、复制、翻印本书部分或全部内容。
本书若有质量问题，请与本社图书销售中心联系调换。电话：010-82894445

目 录

自序
不知过去无以图将来 //v

第一章 问天下谁是领导

管理的本质是通过别人完成任务。有一百件事情，一个人都做了，那只能叫勤劳；有一百件事情，主事的人自己一件也不做，手下的人就帮他把所有的事情都办好了，而且回过头来还要感谢他提供这样的锻炼机会，这就是管理！

弹琴的领导与熬夜的领导 //004
"庸人"当领导 //006
闲人的境界 //009
给下属上发条 //013
用人四策 //023

第二章 你凭什么说了算

权威产生权威，权力导致权力。任何一种权力或者权威的产生，都必须借助已经存在的权力或者权威作为基础。没有凭空产生的权力，也没有生来就有的权威。组织是管理的基础，权力是管理的原动力。

杀鸡还是杀猴　//035

只有一个圆心　//038

新来的领导是熟人　//044

荷花荷叶间的失落　//053

温柔一刀　//055

第三章 一路上追的原来是自己

领导者最与众不同的地方是具备很强的驱动力和成就导向。换句话说，就是具有想当领导的强烈愿望，并能从奋斗的过程中获得满足。伟大的人物之所以伟大，就在于关键时刻坚信未来，坚信自己的力量。

取天下从自己开始　//067

领导者缺什么　//069

领导算卦　//078

管住自己　//085

临事有静气　//088

第四章 "没用的人"有什么用

正确的管理不是用最有本事的人，而是用最合适的人。不一定处处都是能人，不一定事事都用高人。用人有两类错误：高端岗位用了低人，是错误的；低端岗位用了高人，是更大的错误。

用人如器　//099

小人的用处　//107

庸人的用处　//110

仇人的用处 //112

唱反调的人 //115

能力、岗位和待遇的匹配 //121

第五章 和谁在一起

做大事业,是从结义开始的。也就是说,做大事业,是从建立私人感情开始的。不善于建立私人关系的人,是无法把自己的事业引领到快车道上来的。

"兄弟连"的真谛 //129

也爱诸葛亮,也爱豹子头 //132

下一个人是谁 //139

第六章 能人如何不吓人

能人要想不吓人,就必须要搞好忠诚度管理。越是在软弱而无原则的领导手下做事情,越是要掌握忠诚度管理的策略和技巧,否则只能是连人带事业都被葬送掉。

千古忠诚说岳飞 //158

有这样三种忠诚 //166

五种不好相处的上级 //173

第七章 该做不该做

战略首先就是确定不做什么,其次才决定做什么。随着事业的发展,企业领导每天进行的否定型决策会越来越多。在追求诱惑的过程中抵御诱惑,这个充满矛盾的主题贯穿于成功企业家的一生,也贯穿于所有世界级长青公司的商业决策过程的始终。

不知钱粮的宰相与关心牛喘的宰相 //184

有些好事不能做 //187

责任感与有限解决 //191

第八章 借来慧眼看莲花

一个人能把工作干好，是三个关键变量相互作用的结果，即"能力"加"态度"再乘以"环境支持"。能力和态度的组合，是在长期的行为过程中形成的一种带有自动反应和习惯倾向的组合。能力倾向和态度倾向在外部因素和内在动机的推动下，形成稳定的、带有习惯反应的行为模式，就是胜任要素。

大处看天下，小处看人 // 209
基于胜任要素的选拔 // 213
心智模式阻碍执行 // 217
英雄从哪里来 // 231

附录
老赵语录 // 239

后记
我是这样一个写书的人 // 249

再版后记
大胜靠德，常胜靠修 // 254

自 序

不知过去无以图将来

  我是一个喜欢读历史,特别是读思想史的人。少年时代,最早接触的历史故事是《三国演义》和《隋唐演义》,那个时候脑子里没有二十四史,没有唐宋元明清、上下五千年,有的只是十几个大英雄,什么一吕二赵三典韦四关五马六张飞……什么一杰李元霸二杰宇文成都三杰裴元庆……历史在我的心目中就是一群大英雄的上场下场、打打杀杀。后来,又渐渐知道了诸葛亮、徐茂公、刘伯温……这时候,我知道了原来在武的英雄之外还有文的英雄,他们用智谋书写历史,而且他们的篇章愈加精彩。

  再后来,读了更多的书,听了更多的故事,发现居然在武的英雄和文的英雄之外,还有第三种人大放光彩,他们看起来都很平庸,但是却能调动和使用英雄。比如刘邦文不如张良、萧何,武不如韩信;比如刘备文不如诸葛亮、庞统,武不如关张赵马黄,但他们都能带领一班风云人物去纵横天下、成就大业。

　　我想，这样的人应该算是历史中的第三类英雄，他们自身没有精妙高深的谋略，也没有纵横天下的武艺，但是却都能给英雄当领导，让英雄自愿听令、心服口服。第三类英雄就是能当领导、调动英雄去成就事业的人，就是管理英雄，他们的才华是管理才华，在这些人的身上，我们可以学到很多宝贵的东西。

　　翻开历史，每篇每章都充满血腥，鲜血带来的沉重几乎让人透不过气来。在伴君如伴虎、人命如草芥，动辄满门抄斩的年代搞管理，真的是一项充满挑战的冒险事业。但是我们的先人们做到了，而且做得那样精彩。他们的智慧、勇气和忠诚，值得我们每一个后来人景仰。

　　正是这份景仰，给我带来了写作本书的最初的冲动。

　　三国的刘备文不如诸葛亮、庞统，武不如关张赵马黄，但是他能调动这些文臣武将为自己打天下。再看水浒中的宋江，翻翻他的简历便知，无非是山东省郓城县的一个小吏，文也不能文，武也不能武。就这么一个人，却可以带领英雄团队。再看看梁山这支队伍的构成，其他的一百零七条好汉，可都不是一般人！有皇室贵胄、朝廷武将、草莽英雄、江湖豪杰……这么一帮人居然都服宋江！宋江凭什么？

　　仔细想想，我们就会发现，成功的领导者身上似乎都有一种超级强大的气场，这个气场能把英雄吸引来，把队伍凝聚住，给人力量，给人温暖，催人奋进。

　　管理的奥妙就在于把"我"变成"我们"——把"我会"变成"我们大家都会"，把"我想"变成"我们大家都想"，把"我要奋斗"变成"我们大家都要奋斗"。在这种变化过程中，我们往往能真实地感受到气场的存在。有些人和风细雨，但是号召一出群情振奋、山摇地动；有些人声嘶力竭，但结果却是鸦雀无声、众人围观。

到底是什么因素造就了领导者的影响力和号召力？在中国几千年的文明史当中，那些管理英雄又是如何来打造自身这种影响力的呢？这些问题一直萦绕着我，指引着我，给了我写作本书的基本方向。

在写作的过程中，最大的挑战是内容的取舍与材料的筛选。用简单的八段对话来描绘一幅思想史的画卷，这简直就是一个无法完成的任务。我自始至终都在挑战自己。

在选材方面，我坚持三个原则：一是追根溯源，坚持"早"的原则。针对一种管理思想的演变，尽量向上去追溯，从源头入手来写。二是引用经典人物、经典故事，坚持"显"的原则。书中的人物和事件，尽量选择耳熟能详、众所周知的。因为我相信，只有传播了，才能产生影响。一个众所不知的人物或者一段流传不广的事件，对后世管理思想的影响也肯定是十分有限的。三是从史料入手，坚持"实"的原则。人物和事件尽量从史书（主要是《资治通鉴》和二十四史，其次是诸子百家的典籍）中选取。全书只有第五章"和谁在一起"中"桃园三结义"的对话是从小说当中选取的。不过，尽管这个故事出自小说，但它在我们心中已经成了一个真实的事件。

传统文化的精髓，应该不仅仅限于孔孟之道、八卦占卜、阴阳五行之类，它包含着更多的东西，等待我们这些现代人去探索。在读历史积累到一定程度的时候，就能够清晰地感觉到，在卷帙浩繁的历史当中，有些声音是一脉相承的。中国管理思想的精髓在于一个字，这个字就是"和"。"天时不如地利，地利不如人和。"中国式管理中，"人和"的精神一脉相承，它包含着建班底、带队伍、选才用才、激励人心等一系列问题，这些也恰恰是现代管理所关注的内容。从这一点上来说，古代管理思想史的内容，对于现代管理也是非常有借鉴价值的。

本书的内容主要包括以下四类：

一是介绍常用的管理策略。例如，分析"杀鸡儆猴"策略，第二章里写道——"假如有个新来的领导要给一群大象当头领，为了震慑这些大家伙，这位新领导威风凛凛地从地上抓起一只蚂蚁，然后当着这群大象的面把蚂蚁狠狠捻死了。这样会不会起到震慑的效果呢？当然不会。不但不会起到震慑效果，大象还会嘲笑他的软弱。相反，如果给一群蚂蚁当头领，上来就当众捻死一头大象，那么蚂蚁一定会格外信服领导的威严。所以，我们应该捻死大象给蚂蚁看，只有处罚了有分量的人，才能起到震慑的效果。回过头来看，一般来说鸡是比猴子小的，所以如果真的想取得管理的效果，恐怕更好的方法是杀猴给鸡看。这个策略叫作'罚上立威'。"

二是对历史案例进行剖析。例如，第七章写张良给吕后出主意——"张良想了一个好办法，就是借助'商山四皓'的威信和影响力来帮助太子说服刘邦。这是一个两全其美的办法。从表面上看，是四个老先生说服了刘邦，其实完全是张良的谋略。一个有智慧的人，站在台前呼风唤雨比较容易，躲在幕后默默无闻做贡献比较难。站在台前，出名确实容易一些，但也很有可能因为一时不慎给自己招来意外的灾祸。做人要收放自如。一个有智慧、有想法的人，放比较容易，但是一旦放得过火，就会有很多麻烦，所以该收还是要收住。放得开，是才华；收得住，是智慧。"

三是具体问题的对策和建议。例如，第六章写如何对待责任意识不强的领导——"这样的领导最典型的特征就是遇事不做主、不拍板……比如，上级通知最近有工作组下来抽查工作，有可能查到本部门。于是你问：'领导，要不要提前协调相关部门，准备一份书面的汇报？'领导说：'别理他们。'等真的来了通知，工作组要求提交书面汇报的时候，领导又来问你：'你怎么没有准备书面汇报啊？'……与这样的领导相处，基本的行为策略是'当闹钟'。闹钟的作用就是提醒,不断地提醒,一直到行动为止。而且闹钟关键在于一个'闹'字,只有提醒到对方有点不耐烦的程度,才算得上'闹'……提醒的技巧是:一说要求,二说行动,三说后果。"

四是领导理论的引申与管理思维的启迪。例如,第四章分析对能人的管理——"《西游记》里孙悟空戴着一个紧箍,为什么不给沙僧和猪八戒戴,偏偏要给孙悟空戴?这就是奥妙所在:能人需要戴紧箍,庸人不需要。因为庸人离不开团队,离开团队就到不了西天;但是能人一个跟斗就能到西天,即使离开团队,也可以自立门户,当个美猴王。而团队是离不开能人的。对于能人,没有约束就难以信任。信任不仅需要情感认同,还需要一种机制认同。给能人戴上紧箍,忠诚度确认了,做事情也有谱了,领导就可以放心了。可以不念紧箍咒,但一定要戴紧箍,因为紧箍是一种机制,是一种双方的承诺。"

中国古代管理思想博大精深,对这座思想宝库的每一次探索都让我浩叹不已。如果历史是一座山,当我们面山而坐,对着横亘在天边的这一段巍峨和苍茫,内心会腾起怎样的感受呢?对我来说,这份感受就是:除了想走进大山的怀抱,亲眼目睹神奇和精彩之外,还有一个想法,就是做大山的儿子,去讲述那些山的故事,并把它们传给后人。

赵玉平

于北京邮电大学

第一章　问天下谁是领导

　　管理的本质是通过别人完成任务。有一百件事情，一个人都做了，那只能叫勤劳；有一百件事情，主事的人自己一件也不做，手下的人就帮他把所有的事情都办好了，而且回过头来还要感谢他提供这样的锻炼机会，这就是管理！

第一章
问天下谁是领导

事　典：用贤还是用力
时　间：春秋时期
地　点：鲁国单父（今山东单县）
对话者：宓子贱、巫马期
出　处：《韩诗外传》卷二

> 宓子贱治单父，弹鸣琴，身不下堂，而单父治。巫马期以星出，以星入，日夜不处，以身亲之，而单父亦治。巫马期问于子贱，子贱曰："我任人，子任力。任人者佚，任力者劳。"人谓子贱，则君子矣，佚四肢，全耳目，平心气，而百官理，任其数而已。巫马期则不然，乎然事惟，劳力教诏，虽治，犹未至也。
>
> ——《韩诗外传》卷二

中华民族是一个热爱诗歌的民族。诗歌可以保存一个民族的灵魂。一个没有诗歌的民族，其灵魂是没有归宿的。我们这个民族的灵魂，有一个美丽的去处——《诗经》。在这本思无邪（孔子对《诗经》的评价）的书里，开篇写着"关关雎鸠，在河之洲；窈窕淑女，君子好逑"。你看，这是一幅多么美丽的图画：有水鸟清脆的鸣叫，有河水和水中的小岛，有身姿婀娜的女子，有脉脉含情的爱情。中华民族是一个善于创造浪漫的民族，同时更是一个充满睿智的民族，对于《诗经》这样一幅美妙的画卷，我们的先人在读出浪漫和美丽的同时，还读出了更多更深邃的东西。

汉代有一本跟《诗经》有关的书，叫作《韩诗外传》，是当时的学者韩婴写的，虽然跟《诗经》有关，但是内容却不是关于如何做诗的——这是一本关于管理艺术的书。读诗歌能学管理吗？当然。

如果把书比喻成建筑的话，《韩诗外传》应该是一栋西汉风格的华丽建筑，装饰精美，结构细腻，里面人来人往，比《论语》热闹了许多，而且这些形形色色的人个个都会吟诗，十分风雅。在这里住着一个人，他的名字叫巫马期。这是一个貌不惊人的过路人，一副急匆匆的样子，像所有为工作奔忙的白领一样，他也是面容消瘦，两眼发直，很可能还正在咳嗽，额头和眼角的皱纹让他显得有些疲倦，显得比实际年龄老成。他的口袋里如果装着名片，上面应该印着"鲁国单父县令"的头衔和"孔子弟子"的身份。当你看到他的时候，就像当时他本人一样，你可能同样不会想到，他要去见的一个人以及他们之间将要开始的一段对话，将对中国管理思想史产生深远的影响。巫马期要见的人是他的同学，名叫宓子贱，你可以在互联网上搜索到至少三个关于他的经典故事，他是我们常说的那种有故事的人。宓子贱和巫马期在同一个地方先后当过县令。他们俩一个擅长弹琴，一个擅长熬夜，我们的话题就从这弹琴的领导与熬夜的领导谈起。

弹琴的领导与熬夜的领导

鲁国的单父县缺少县长，国君请孔子推荐一个学生，孔子推荐了巫马期，他上任后工作十分努力，披星戴月，废寝忘食，兢兢业业工作了一年，单父县大治。不过，巫马期却因为劳累过度病倒了。于是孔子推荐了另一个学生宓子贱。宓子贱弹着琴、唱着小曲就到了单父县，他在官署后院建了一个琴台，终日鸣琴，身不下堂，日子过得很滋润，卡拉OK天天唱，一年下来单父县大治。后来，巫马期很想和宓子贱交流一下工作心得，于是他找到了宓子贱。

你可以想象一下，这个大名鼎鼎的宓子贱是一个不到三十岁的小伙子，个头不高，面色红润，说话慢条斯理的，眼睛很黑很亮。在他的面前，巫马期应该是感觉到了压力。

两个人的谈话是从寒暄客套开始的，不过很快就进入了正题。巫马期羡慕地握着子贱的手说："你比我强，你有个好身体啊，前途无量！看来我要被自己的病耽误了。"子贱听完巫马期的话，摇摇头说："我们的差别不在于身体，而在于工作方法。你做工作靠的是自己的努力，可是事业那么大、事情那么多，个人力量毕竟有限，努力的结果只能是勉强支撑，最终伤害自己的身体；而我用的方法是调动能人为自己工作，事业越大，可调动的能人就越多；调动的能人越多，事业就越大，于是工作越做越轻松。"

> 用贤不用力，管理的本质是通过别人完成任务。

宓子贱和巫马期的对话揭示了领导艺术最核心的一个问题——领导者要通过别人完成任务，领导的核心工作不是调动自己的工作积极性，而是调动他人的工作积极性。激励人心的技巧在诸多能力要素中应该是最重要的。

其实，管理的本质是通过别人完成任务。有一百件事情，一个人都做了，那只能叫勤劳；有一百件事情，主事的人自己一件也不做，手下的人就帮他把所有的事情都办好了，而且回过头来还要感谢他提供这样的锻炼机会，这就是管理！所以，领导者可以不必擅长某些专业领域的工作，只要能调动那些专业人士为自己工作就可以了。

柳传志先生有一段关于领导的概括，说得很精辟：

总裁在企业里一般都要做两件事，第一是制定战略并设计实施战略的战术步骤；第二是带好员工队伍，让你的队伍有能力按照这个战略目标去实施。这两件事做好了，企业就能向好处发展。但在做这两件事情之前，还有一件更重要的事要办，就是建班子。企业必须要有一个好的领导班子，否则你把事情布置下去之后，后面的人未必照你的意思去做。有了好的班子才能群策群力，同时对第一把手也就有了制约；没有一个好的班子就制定不了好的战略，就带不好队伍，所以领导班子实际上是第一位的。

"庸人"当领导

在中国广为流传的文学作品当中，有一个很有意思的现象就是"庸人"当领导。比如，唐三藏、刘备、宋江这样的人领导孙悟空、诸葛亮、武松这样的人。这些看起来很平庸的人，到底是采取了什么方式方法当上领导的呢？这是一个很值得探讨的问题。

领导是什么？领导就是影响其他人，使之自愿为实现设定的目标而努力工作。这个过程中有四个关键词。

（1）影响。领导者在影响他人的过程中，使用的是正式的和非正式的手段。既要借助制度的权威和组织的资源，又要充分发挥个人的魅力。所以，从这个层面上讲，领导其实就是一种特殊的人际关系。

（2）自愿。卓越的领导可以点燃下属心中的火种，使下属自觉自愿地全身心投入到工作当中去。再高明的制度也不可能面面俱到，再严密的控制也不可能一览无余，必须靠下属自身的责任感、投入的态度和奉献的精神才能提高业绩。促进下属自愿承担任务的过程就是激励，卓越的领导必须具备激励人心的技巧和敏感性。

（3）目标。是否能设计一个足以让大家认可、足以鼓舞众人前进的目标，是对一个领导的挑战。好的目标，能够统一思想、弥合分歧、促进团结、激发干劲。一个出色的领导，应该是一个可以给下属提出远大目标，并把这个目标分解成眼前的行动、下达给众人的人。要设置远大的目标，就需要领导用心去思考未来，同时还要把思考的结果通过有效的沟通方式呈现给众人。让大家看到希望，看到前景，并在那个前景中找到自己的位置。

> 一个领导的领导水平体现在下属的努力程度上。

（4）努力。一个领导的领导水平体现在下属的努力程度上。如果下属不努力，只有领导自己努力，那么领导干得越多，就越不合格。相反，如果领导自己比较清闲，但是下属们个个干劲十足、勇挑重担，那么这个领导的领导水平就是比较高的。

前边提到的几个"庸人"之所以能当领导，恰恰是因为他们在上述四个方面都具备了条件。

谈 古 论 今

《史记·高祖本纪》记载，刘邦打败项羽取得天下以后，在洛阳南宫里设宴与下属共饮。酒过三巡、菜过五味之后，刘邦说："你们大家都别隐瞒，各位都照直说，你们说我刘某人之所以取得天下是因为什么，而他项羽失去了天下又是因为什么呢？"

高起、王陵反应比较快，两个人说："您性情傲慢而且喜欢羞辱别人，项羽性情宽厚而且关爱他人。不过您派人攻城略地，有了收获都犒赏下属，和大家一起分享胜利，从来不吝啬。而项羽嫉妒心重，有功劳的要加害，有才能的要怀疑，取得成绩的不给名也不给利，所以他就失去了天下。"

刘邦说:"你们是只知其一,不知其二。要说出主意,运筹帷幄之中,决胜千里之外,我不如张良;要说搞管理,治国家,抚百姓,给馈饷,不绝粮道,我不如萧何;要说打仗,连百万之军,战必胜,攻必取,我不如韩信。这三位,都是大英雄,我能用这三个英雄,让大英雄给我打工、听我指挥,这就是我取得天下的根本所在。"

这是一段涉及领导方式的经典对话。高起、王陵二人提到,刘邦在员工激励上做得比项羽到位。虽然在私人关系上刘邦常傲慢无礼,但是他十分善于满足下属的需求,能与天下同利;而项羽则是战胜而不予人功,得地而不予人利。这一点确实很关键,也正是由于这一点,项羽的队伍才越打越弱,而刘邦的队伍则越打越壮大。

刘邦对自己的总结更加深入。他把自己取得天下归结为自己能用三杰。汉初三杰,说到出主意,刘邦不如张良;说到打仗,刘邦不如韩信;说到管理国家,刘邦不如萧何。但是能让这三个比自己强的人给"老刘家"打工,这确实是刘邦的本事。在调动比自己强的专家、能人为自己工作方面,项羽显然不如刘邦。

"庸人"当领导,奥妙就在于找到比自己强的下属,让这些能人在各自的专业领域中为实现领导的目标而努力工作。如果领导找不到能人,或者找到了却不肯用,或者任用了却不知道如何激励其干劲,那么这个领导就是不合格的;但从表面上看,领导却往往是团队中本事最大的一个,别人谁都不如他。这种"出众"其实恰恰是领导力不足的表现。卓越的领导,从来不把注意力放在跟下属攀比某一项专门的工作技能上,相

> 心甘情愿比下属差的"平庸"恰恰是领导力的真正体现。

反,他会尽心尽力去寻找在某个专业领域比自己强的人,把他们安排到自己的队伍中去做事情。这种心甘情愿比下属差的"平庸"恰恰是领导力的真正体现。

闲人的境界

> 空山新雨后,天气晚来秋。明月松间照,清泉石上流。

这是唐代大诗人王维的名句。王维的诗以其特有的空灵宁静为后世传诵。但是实际上,职场上的王维做的却是一项非常繁杂、总不得清闲的工作。王维的职位是尚书右丞,按唐史所载,唐代"以三省之长中书令、侍中、尚书令共议国政,此宰相职也。其后,以太宗尝为尚书令,臣下避不敢居其职,由是仆射为尚书省长官,与侍中、中书令号为宰相"。在唐代的宰相制度中,尚书省的尚书左仆射和右仆射是宰相群体的领班人物,而尚书右丞正是尚书省两位仆射的助手。

《贞观政要》记载:

> 贞观二年,太宗谓房玄龄、杜如晦曰:"公为仆射,当助朕忧劳,广开耳目,求访贤哲。比闻公等听受辞讼,日有数百。此则读符牒不暇,安能助朕求贤哉?"因敕尚书省,细碎务皆付左右丞,惟冤滞大事合闻奏者,关于仆射。

唐太宗要求房杜二人把精力集中在帮自己谋划战略和寻访贤才上,而把琐碎的事务性工作都交给左右丞去做,用左右丞的辛劳忙碌换取仆射的轻松,以保证仆射能抓大事、想大事。领导的努力体现在如何让下属努力工作上,而领导自己不必局限于具体的工作内容上。

忙乱是领导者的大忌,而持续的忙乱往往是由于工作没有主次、做事没有条理、分工不明确造成的。另外还有一个重要的因素,就是领导者个人的工作方式。

1. 报时型领导与造钟型领导

可以用一个比喻来说明这个问题。领导者有两种类型,一种是报时型领导,整个团队都不知道几点了,只有领导知道,大家就都来问领导,领导能够准确地告诉大家几点。领导在的时候,一切正常。这样的管理存在两个问题:一是尽管一切正常,但是领导自己会很忙碌、很辛苦,因为所有的人都来找领导,所有的事情都需要领导来拍板;二是如果领导不在,大家找不到领导,正常的工作马上就会陷入混乱,找不到报时的人,大家都不知道几点了,都不知道工作该怎么干。

与此不同,第二类领导是造钟型领导。领导知道几点了,但是主要力量不是放在给大家报时上,而是集中力量给大家造一个钟,不管自己在不在,不管自己说不说,所有的人只要看看钟就知道几点了。让组织有一种自动运行的机制,这是一个非常重要的问题。领导不需要事必躬亲,而应该只关注异常,不关注正常;只关注例外,不关注例行。因为正常的事情、例行的事情,有制度管,有下属管,不用领导自己管。只有那些超出制度框架之外的事情,领导不管就没人来管,这时候才需要领导亲自上阵。

> 只关注异常,不关注正常;只关注例外,不关注例行。

管理首先要把基础的、基本的事情做

对。基本的事情就是为组织建立一个自动运行的机制，把基础的制度建设落到实处。基础管理的"四化"是制度化、标准化、结构化、流程化。通过基础管理，要让组织内的每个成员遇到了正常的、例行的事情时都知道该怎么做。这好比是一座大楼的框架和支柱，先把框架和支柱建结实了，然后才能搞内部装修。规范管理和制度建设是所有组织的基础，一切先进的管理理念和方法都要建立在这个基础之上。对于一座大楼，如果框架和支柱的问题还没有解决，建设者就热衷于搞内部装修赶时髦，那将是非常可怕的灾难。

2. 管理的三重境界

让组织有一个自动运行的机制，这是管理的第一重境界。管理的第二重境界是让每个员工都有自动运行的机制。要达到第一重境界，基本途径是制度建设，靠的是领导者的规范能力和掌控能力；要达到第二重境界，基本途径是动机的激发，需要综合使用绩效管理和团队建设的手段，靠的是领导者的价值观和激励能力。

管理的第三重境界，也就是最高境界，是员工的自动运行和组织的自动运行相结合，互相推动，互相促进。这就好比

> 管理三重境界：组织自动运行—员工自动运行—组织自动运行与员工自动运行相结合。

员工不但知道怎样看钟，还知道怎样调钟和修钟。钟也成了智能钟，可以根据不同场合、任务以及不同员工的特点，选择自己的报时方式和提醒间隔。在这个过程中，文化建设和队伍的培育与发展成为最关键的问题。

一旦达到了第三重境界，那么组织的管理就可以举重若轻，收放自如。做一个闲人领导，其实不但是一种能力的考验，看其能否建立起自动运行的组织机制，更是一种个人境界的考验。为什么这么说呢？我们可以

来分析一下。

领导者居中调度、总领全局的时候，要把自己的精力和时间逐渐从具体工作中解脱出来，要把很多执行层面的事情交给下属去做。在这个过程中有一点是肯定的，就是下属当中能做得跟领导一样、能让领导完全满意的人不多。有些人能力不行做不好，有些人态度不行做得不主动，有些人思路不一样做得不让领导称心。这个时候挑战就来了，看着下属不顺眼，领导怎么办？不能临阵换将，也不能自己上阵，不但要接受这个不满意的结果，而且在下属完成任务以后，还要给下属奖励和表扬。这种情况是最考验一个人的心胸的。

每一个领导者都应该学会接受一个不完全满意的结果，学会安排不完全满意的下属去做一件让自己不是完全满意的事情。明知道下属会犯错误，甚至连犯什么样的错误都能预见到，还是要让下属去做，锻炼下属，培养下属，容许下属犯错误，让下属在犯错误中成长，不断改进工作。

> 每一个领导者都应该学会接受一个不完全满意的结果，学会安排不完全满意的下属去做一件让自己不是完全满意的事情。

如果一个领导者无法忍受这个局面，就有可能让下属靠边站，自己亲自动手做。于是问题就出来了。事业这么大，工作内容这么多，靠自己的力量怎么可能做完呢？

有一件事情你能做得好，那叫合格；有十件事情你能做得好，那叫优秀；有五十件事情你能都做好，那叫卓越；有一百件事情，你还想努力把它们都做好，那就叫找死！一个人的能力是有限的，精力和体力更是有限的。浑身是铁又能捻几根钉？

管理的本质是通过别人完成任务，一定要调动别人去干。搭平台、给机会、鼓干劲，让大家一起为设定的目标而奋斗。所以，要用心胸去用人，去容人。心胸有多大，事业就有多大。心胸太小的人做大事业，首先对健康是一种严重的损害。

给下属上发条

人为什么会工作？因为有动机。如果上级安排你做一件事情，每天做两遍，坚持二十年天天重复，你一定会很烦。而有一件事情，你坚持了一辈子，每天至少做三次，可是每天都不烦，不但不烦，而且做的时候还特别卖力气——这件事就是吃饭。为什么对于吃饭，每天三次一辈子都不厌烦？因为有需求！

因此，要调动人的积极性，就必须抓住需求，把完成自己设定的目标和任务与满足他人需求相结合，这是管理者的一项重要工作技巧。这种技巧在管理学中有一个专门的词汇来描述——激励。激励就相当于给钟表上发条，给汽车安装发动机，没有激励就不可能有好的业绩产生。

1. 需求是多样的

人是复杂的，谈到激励人心，就要从人类需求的多样性谈起。

■■■■■ 谈 古 论 今

话说范蠡辅佐越王勾践打败了吴国，然后选择了功成身退，泛舟于五湖之上。史书上记载他曾经三次暴富，然后三次散尽家财。当然，我们可以理解为是做慈善事业，也可以看成是做品牌，做公共关系。

范蠡有三个儿子，他在漂泊贫困的时候生养了老大，在事业初具规模的时候生养了老二，后来事业兴旺成为大富翁的时候生养了老三。

范蠡派老二到楚国打理生意，结果不小心犯了官司。为了营救老二，范蠡就把小儿子找来了，给了他一大笔黄金并对他说："你到楚国去找我的好朋友庄生，把钱交给他，让他帮忙把你二哥救出来。"正说着，老大进来了。老大很固执，非要争取这个任务，并且说："家中有事，长子承担，我是哥哥啊，为什么不派我去而派弟弟去？以后我怎么见人啊！如果真的不派我去，我当场就伏剑自杀！"范蠡无奈，只好派老大前往。

老大到楚国见到了庄生，奉上书信和黄金说明来意。庄生收了书信和黄金，第二天就去见楚王，利用楚王对自己的信任编了个理由，说服楚王大赦天下。老大看到大赦天下的告示可高兴坏了，他想，既然已经大赦天下了，我弟弟不用营救不也能出来吗？于是，老大急忙去找庄生，说："现在大赦天下了，您也不必费心去救我弟弟了，那就把钱还给我吧。"

老大鲁莽无知的举动惹恼了庄生，虽然庄生把钱如数退给了老大，但回头就跟楚王说："天下谁都可以赦，但是范蠡的儿子不能赦，赦了这个人就说明您害怕有钱有势的人，所以必须把他斩了。"结果老大在监狱门口等着，等到的却是弟弟被斩的噩耗。老大拿着钱哭着回去见范蠡，范蠡说这事不怪你，怪我自己一开始考虑不周全，用人不当。

范蠡应该派小儿子去。为什么？因为小儿子是在富贵环境中成长起来的，不在乎钱，派这样的人去送礼最合适；二儿子是在创业环境中成长起来的，不怕吃苦，所以说让他去做事情比较好；而老大是在贫寒环境中成长起来的，特别在乎钱，生活特别朴素，比较适合于守业，却不适合于去送礼、做公关工作。三个人的职业适应性是由不同的需求层次造成的。因此安排工作的时候，要针对其不同的需求层次挑选合适的人选。

对于需求本身的内在特征的探讨，从亚当·斯密和大卫·李嘉图探求人性的时候就开始了。西方管理理论中的人性假设主要有麦格雷戈的Y理论、薛思的复杂人性假设、莫尔斯和洛尔施的超Y理论、大内的Z理论和西蒙的决策人假设等，这些人性假设理论从不同的侧面揭示了人性的丰富内涵。在这方面，美国学者亚伯拉罕·马斯洛做出了杰出的贡献。他在1943年出版的《人类激励理论》一书中，首次提出需求层次理论，他认为人类有五个层次的需求。

（1）**生理的需求**。这是人类维持自身生存的最基本要求，包括饥、渴、衣、住、性等方面的要求。

（2）**安全的需求**。这是人们保障自身安全，避免各种危险和威胁的需求，如避免失业和财产损失、避免职业病的侵袭、解除严酷的监督等方面的需求。

（3）**社交的需求**。一是爱的需求，即人人都需要伙伴之间、同事之间的关系融洽或保持友谊和忠诚；人人都希望得到爱情，希望爱别人，也渴望接受别人的爱。二是归属的需求，即人都有一种归属于一个群体的感情，希望成为群体中的一员，并相互关心和照顾。感情上的需求比生理上的需求来得细致，它和一个人的生理特性、经历、教育、宗教信仰都有关系。

（4）**尊重的需求**。人人都希望自己有稳定的社会地位，要求个人的能力和成就得到社会的承认。

（5）自我实现的需求。这是最高层次的需要，它是指实现个人的理想、抱负，尽量发挥个人的能力，完成与自己能力相称的一切事情的需要。自我实现的需求是在努力挖掘自己的潜力，使自己越来越成为自己所期望的人物。

五种需求像阶梯一样从低到高，按层逐级递升，但这种次序不是完全固定的，可以变化，也有很多例外情况。一般来说，某一层次的需求相对满足了，就会向高一层次发展，追求更高层次的需求就成为驱使行为的动力。

同一时期，一个人可能有几种需求，但每一时期总有一种需求占支配地位，对行为起决定作用。任何一种需求都不会因为更高层次需求的发展而消失。各层次的需求相互依赖和重叠，高层次的需求发展后，低层次的需求仍然存在，只是对行为影响的程度变小。

继需求层次理论之后，许多学者陆续提出了自己的理论。成就需要理论是麦克利兰于20世纪50年代提出的。麦克利兰把人的高层次需要归纳为对权力、友谊和成就的需要。他对这三种需要，特别是成就需要做了深入的研究。

具有成就需要的人，对工作的胜任感和成功有强烈的要求。他们乐意，甚至热衷于接受挑战，往往为自己树立有一定难度而又不是高不可攀的目标；他们敢于冒风险，又能通过认真的分析和估计、以现实的态度对待冒险，而绝不会以迷信和侥幸心理对待未来；他们愿意承担所做工作的个人责任，并希望得到明确而又迅速的反馈。这类人一般不常休息，喜欢长时间、全身心地工作，并从工作的完成中得到很大的满足，即使真正出现失败也不会过分沮丧。一般来说，他们喜欢表现自己。

麦克利兰认为，一个公司如果有很多具有成就需要的人，那么公司就会发展很快；整个国家如果有很多这样的公司，整个国家的经济发展速度就会高于世界平均水平。他还通过定量分析，发现古希腊、中世纪的西班牙、1100—1800年的英国以及当代的一些国家，不论是资本主义国家还是社会主义国家，是发达国家还是发展中国家，都是如此。麦克利兰还开发出培养成就需要的一些方法。怎样才能增进个人的成就需要呢？麦克利兰提出了四个方法：

（1）**以成功人士为楷模**。有意识地宣传取得高成就的人的形象。如果某人周围的人取得了成功，就会刺激起他也想取得成功的动机。

（2）**有意识地安排一些成功反馈**。每经过一个阶段，对已取得的成绩和进步加以肯定，对每次阶段性的成功都给予一定的奖励。

（3）**改变自我观感**。通过增强人的自信，促使人们相信每个人通过努力都能取得成功，从而改变自身的形象，成为一个有高度事业心和责任感的人。

（4）**经常用正面的思想鼓励自己**。当人处于紧张状态时，可采用不断和自己对话的方式来克服消极的意识。

> 最为有效的管理者通常是那些有高度权力需要、适度成就需要和低度社交需要的人。

麦克利兰以后的研究又发现，权力需要对管理人员来说是最为重要的。最为有效的管理者通常是那些有高度权力需要、适度成就需要和低度社交需要的人。可见，成就需要理论对于我们把握管理人员的高层次需要具有积极的参考意义。

用需求层次理论可以分析很多问题。比如打麻将这一游戏：有的人打麻将是为了赢钱，这是典型的物质需求，是一楼层面的；有的人打麻将只要不输钱就可以，这是安全需求，上升到了二楼；有的人打麻将是为了哥几个聚在一起热闹热闹，这是社会需求，已经上升到三楼了；有的人打麻将是为了向别人证明自己聪明、牌技好，这是尊严的需求，是第四楼了；还有的人打麻将不为别的，就为了和牌时候的快感，完成挑战性任务后的内心满足，这就是自我实现了，是五楼的需求。一个游戏可以满足人的五大需求，所以这个游戏一定是有着强大生命力的。我们的管理制度和市场营销方式如果都能设计成这种模式，可以全方位满足各个层面的差异化需求，那一定可以大行其道、所向无敌。

有专家做了一项调查，这个调查反映了国内多数企业员工的需求层次。在激励方式上，96%的人首选涨工资，95%的人选的是分房子，82%的人选了发奖金，74%的人选了评职称。我们中国大多数的员工，特别是国有企业的员工，需求层次还没有那么高，首先要解决的还是满足物质需求的问题。在这样的企业搞激励、搞改革，首先必须要满足大家的物质利益，否则花样再多也只能是空中楼阁。所以我们把工资、奖金、住房、职称称为中国传统企业的四大激励因素，可以算是"四大金刚"。这四个激励因素最容易直接见效，同时也最容易产生矛盾和纠纷。

在激励领域中有一个定律，就是工资是刚性的。什么是刚性？打个比方，有一块钢筋，你把它拉长了，长了之后能再压缩回来吗？不能。往回一压它就要变形，用力大了就要打弯。工资就有这个特性，能涨不能降，把工资涨起来没事，要是把工资压下来，管理工作就要变形，就要打弯，就要出问题。所以一般来讲，工资和价格都不能轻易上涨，涨上去之后就很难降下来。所以很多聪明企业的薪酬管理也是一样的，工资保持不变，但是给一些带薪的休假、发一些实物、提供一些出去旅游的机会、增加一些专门的福利，这都是一些附带品，但是工资保持不变。因此，一旦企业萧条了，附带品很容易就可以取消了，员工也完全可以接受。但是如果把工资涨上去，再降下来，那就要出问题了。

2. 公平是一种感觉

所谓的公平其实是一种对收入和成本的相对比较。人们在付出努力取得回报以后，总在不断和别人比，和过去比。

比如老板这个月给你发了十万元奖金，你觉得很高兴，但是回头一问，得知其他人每人十五万元，你肯定当时就不高兴了。所以，实际上每个人并不是在评价自己绝对收入的多少，而是在评价自己的相对收入。

公平分为两类：一类是外部公平，指的是跟别人相比的公平，把自己的投入产出与别人的投入产出相比较，如果是画等号或者画大于号，就高兴、满意；如果画小于号，就不高兴、不满意。还有一类是内部公平，就是把现在的投入产出跟自己以前的相比，如果大于或等于就满意，如果小于就不满意。

> 公平其实是一种对收入和成本的相对比较。

可以用公平理论来解答求职过程中关于薪酬的问题。假如面试官问："你希望自己的薪酬是多少？"对这个问题就可以依据公平理论来回答，主要包括三个要点：第一，答外部公平；第二，答对企业的信心；第三，答对自己的信心。

首先可以说：在选择这个职业的过程中，已经系统地了解了这个行业，我觉得我们这个行业的回报机制已经很成熟了。所以，关于薪酬我也没有什么特殊的要求，只要能达到行业平均水平，能达到外部公平就可以了。其次说：面试前我对贵企业也进行了深入了解，我觉得我们企业的回报机制也很不错，所以我相信，在这个企业里我一定能找到自己应有的位置、获得应有的待遇。这是对企业的信心。再次接着讲：以我过去的积累，凭借我的知识、技能和经验，在这个岗位上我一定能给企业做出贡献。我相信随着贡献的增加，我个人所得的回报也会逐步增加的。这是对自己的信心。总之，只要答到这三点，答案就比较充分了。

管理公平性首先是保持比较体系的稳定和一致。如果员工来找你，跟你抱怨待遇不公平，那么作为一个管理者，你应该做五件事：

（1）**对象公平**。首先要问他，觉得跟谁比不公平。对于感到不公平的员工，首先要调整他的参照物，帮他选择一个合适的、具备可比性的比较对象。要强调投入产出是成正比的，帮他认识到别人投入了多少，自己投入了多少。这叫作"对象公平"。

> 公平管理的五个方面：对象公平、沟通公平、过程公平、自我公平、结果公平。

（2）**沟通公平**。如果改变了参照物，员工还不满意，就要坦诚地与员工沟通，指出他的问题，提出改进的意见，表示自己希望并且承诺，一旦他有了改进，一定给予更好的回报。这叫作"沟通公平"。

（3）**过程公平**。如果沟通过后他还不满意，那么就要向他展示流程，告诉他流程是公开的，人人都可以给自己打分。让他自己给自己打分，看看结果到底怎样。另外，决策并不是领导一个人做的，还有其他的班子成员和员工代表。如果能让这些人都改变态度，那么可以满足他的要求。这叫作"过程公平"。

（4）**自我公平**。如果讲完过程了还不满意，那么就让他和自己的过去比比，看今朝忆往昔，自己想想是不是已经改进了很多。这叫作"自我公平"。

（5）**结果公平**。至此，如果对方还有情绪，而且给他的待遇确实有些问题，那么最后一步才是调整收入或者调整投入。这叫作"结果公平"。即使是在这最后一步，也还是有很多方法的。比如，收入不增，投入减少；收入增加，投入相应增加一些；收入减少，投入减少更多一些。

需求层次理论、公平理论以及双因素理论是激励理论中最基本的理论。如果你感兴趣，还可以引申阅读一些领导理论、激励理论方面的书，进一步去了解期望理论、强化理论、归因理论、群体动力理论、社会学习理论等知识，这对于激励下属都是非常有帮助的。

> 一个高绩效的员工，不仅是干得努力，而且是干得成功、有好结果；不仅有好结果，而且是整个过程非常努力。

绩效不仅是指工作结果，绩效是工作表现和工作结果的统一体。一个高绩效的员工，不仅是干得努力，而且是干得成功、有好结果；不仅有好结果，而且是整个过程非常努力。

如果你工作表现很一般，但是工作结果很好，那也不能说明你的绩效高。你工作很懈怠，居然还完成了目标，这只能说明：第一，目标太低，你没有发挥潜力，没有尽力；第二，你的工作成果的取得有偶然因素和外部因素。因此，不仅要看结果，也要看表现。

谈到绩效管理，很多人认为绩效管理就是考核，其实这是用局部代替整体，犯了"盲人摸象"的错误。考核不是绩效管理，考核只是绩效管理的一部分，绩效管理的范畴要比绩效考核大很多，包括指标确定、过程控制、考核评价、结果应用等多个方面。在结果应用过程中，除了根据绩效调整薪酬之外，还要有岗位调整、培训跟进、发展辅导等工作。在考核评价过程中，要特别强调可沟通性。

有了评价结果，一定要和员工沟通，进行面谈确认。要注意把自我打分与外部打分相结合。比如给自己的长相打分，你自己打分很高，感觉自己帅过刘德华，结果大家给你打分很低，这就有差距了。基于差距就可以沟通了，看看是群众的标准和过程有问题，还是你的标准和过程有问题，看看不一致的原因在哪里。是要群众改一下帅哥的标准，还是你自己要改一下自我认识？通过这样的交流和互动，可以促进员工的成长，也确保了制度的有效性与科学性。

最后，在激励员工的过程中，还要注意适应性和接受的问题。

谈古论今

孔子有两个学生，子路和子贡，这两个人都特别爱做好事。子路看到别人家的小孩掉到河里，就跳下去把人给救了。救完之后人家特别感激，送给子路一头牛，子路就收下了，挺高兴，杀了牛，和老师、同学一起分吃牛肉。孔子高兴地说："子路是个好学生啊！从此，在我们鲁国，救落水者的人一定会越来越多。"

子贡也想做好事，他到楚国去，发现有被人贩子卖到当地的鲁国人，于是子贡自己掏腰包把人给赎回来了。按照鲁国的规矩，在别的国家的鲁国人被救回来之后，赎人的钱由国家负责，同时还要给做好事的人一笔奖励。子贡慷慨地说："钱由我自己负担吧，奖励我也不要了。"结果，孔子说："子贡是个不懂事的学生啊，从此我们国家从人贩子手中救出的鲁国人会越来越少了。"

子路做了好事，接受报酬，孔子说他是好学生；子贡做了好事，不要报酬，孔子却说他是个坏学生，这是为什么呢？孔子的观点是：做好事，不光要考虑眼前这件好事本身，还要考虑这件好事对周围人的影响。多数人的需求层次、思想境界没有那么高，或者即使思想境界高，物质条件也没那么好。而要想激发众人的行动，就必须要有利益机制做保证。

子路做了好事，收了牛肉，以后所有想吃牛肉的人都会去做好事，这符合大多数人的需求层次，所以此举是善举。子贡就不一样了，做了好事，自己搭钱还不要奖励，如果把这样的典型宣传出去，以后谁还愿意做这种事？

首先是没有那么多高风亮节的人；其次，即使有高风亮节的人，也未必有那么强的经济实力。所以子贡的先例一开，这条路就会越走越窄，做好事的人就会越来越少。

孔子的观点非常值得我们深思。我们在树立榜样、树立典型的时候，一定要考虑到与大众的需求层次相配合，要教育群众而不是远离群众。不能让一个标杆树起来，很多群众吓回去，否则事业的路就会越走越窄。做管理不是写道德文章，是要鼓励大家一起去行动。因此，孔子的观点确实值得每一个领导者去思考。

用人四策

既然领导的核心任务是选贤任能，那么领导就不可避免地面临一个巨大的挑战，那就是如何才能让人才满意，把人才留住。这里向大家推荐四个技巧：分槽合槽、高屋低屋、分饼画饼、厚赏惜赏。

1. 分槽合槽

话说有个老先生，养了两匹千里马，准备合适的时候出手卖个好价钱。所谓"人不得外财不富，马不吃夜草不肥"，养马必须要勤快，要每晚起来给马喂草添膘。尽管老先生很勤快、很努力，但是他很快还是发现了问题，就这么辛苦，几个月下来，两匹马没有长膘反而掉膘了。原因何在呢？有问题找专家，把"马博士"请来了。

"马博士"来了一看就明白了,他告诉老先生,马不好好吃东西,关键就是因为把两匹千里马养在一个马厩里,让它们在一个槽里吃东西。每次吃东西的时候,两匹马又踢又挤,你争我抢,根本不能安心吃草料。解决方案就是把马分开,为两匹千里马准备两个食槽,让它们分开吃。一试果然有效,两匹马很快就变得膘肥体壮。这就叫作"分槽喂马"。

分槽的精髓就是"不能安排两个能人一起去做同一件事情"。两个实力相当的人才就好比两匹千里马,在一起的时候即使不互相争抢,也难免互相妒忌、互相攀比,难以做自己该做的事情,因此还不如分开。比如《水浒传》中,宋江和卢俊义每次出兵的时候都是一个人领一支队伍,各挡一面,这就是典型的分槽策略。

> 分槽的精髓就是"不能安排两个能人一起去做同一件事情"。

后来老先生决定养点省事的,晚上不用添草料就能上膘的,于是把马卖了,养了两头猪。但令他困惑的是,小猪越来越挑食,而且不上膘。有问题找专家,把"猪博士"请来了。"猪博士"来了一看就乐了,他跟老先生讲,哪有养猪还打隔断分开养的啊,要让猪上膘办法很简单,把两个猪圈合成一个,让两头小猪在一个槽里吃东西就可以了。道理其实很简单,两个小猪在一个槽里吃食,有了争抢,于是就会吃得更香。老先生一试,果然灵验。

"马博士"说分开好,"猪博士"说合起来好,那到底是分好还是合好呢?答案很清楚,要看对象。独当一面的千里马需要分槽喂养,各有所专,各负其责;而正在成长中、尚未成熟的小猪却需要合槽,给它们一个竞争的平台,让它们快速成长,等成熟后可以独当一面了再分槽。这就是用人四策之一:分槽合槽。

2. 高屋低屋

把猪卖了以后，老先生养了一群牛。由于春短，嫩草迟迟没有发芽，过了节气了，只能用隔年的干草喂牛。牛吃得很少，眼见着要掉膘，老先生很着急。有问题找专家，请来了"牛博士"。"牛博士"给出了一个建议，就是喂牛的时候不把草直接放在食槽里，而是要放在屋顶上，让牛伸着脖子才能吃到。老先生回去一试，果然灵验。

> 用人四策：分槽合槽、高屋低屋、分饼画饼、厚赏惜赏。

因此，当给下属提供的回报很有限、一时又无法改善的时候，可以把门槛设得稍高一些，让众人付出的努力更多一些，使得这份回报更有挑战性。这样即使是不怎么丰厚的回报，也能吸引众人了。这就是"高屋喂草"的计策。

老先生很得意，不过没过几天，他就犯了一个错误。嫩草很快长出来了，老先生打了些嫩草回来，这次他也像以前一样把草放在屋顶上等着牛来吃，结果牛见了房上的嫩草可着了急，一群牛奋勇向前，一使劲，把房子给顶垮了。

因此，当资源很丰富、回报有足够吸引力的时候，就不要再增加过程的难度了，要允许下属用自己的努力去获得更多的回报，而不要故意设置障碍。这就是用人四策之二：高屋低屋。

3. 分饼画饼

卖了牛，老先生觉得养牲畜太费劲了，于是种了一大片玉米。入秋的时候收玉米，家里人手不够，就雇了一些帮工。有一天，家里给帮工准备午饭的时候，发现面不够了。十个人，却只能烙出八张大饼，而平时都是一个人一张饼才够吃的。眼下正是秋收的关键时刻，这要是把大家惹恼了可不得了。

有问题找专家，急忙找来"饼博士"，"饼博士"不慌不忙地问老先生："你家有纸吗？赶紧在纸上画几张大饼，带着一起去地里给大家分。"老先生纳闷了：这纸做的饼怎么吃啊？

于是"饼博士"道出其中的道理来——这些帮工可以分成三类：

> 分利益不能搞一刀切，要给老同志分饼，给年轻人画饼，和中坚力量一起吃饼。

第一类是上了岁数的老同志，工作这么多年，已经没有什么成长性了，这些人更在乎眼前所得，他们出过力、流过汗，最希望马上拿到自己应得的那一份。对这样的人，二话别说，直接把饼分给他们。

第二类是新加入的年轻人，他们有机会、有未来、有时间，看重的是自己未来的成长和收获，所以眼前少吃一口没关系，要把纸饼挂起来给他们讲未来，只要未来有足够的吸引力，眼前少吃一口是可以接受的。

第三类是团队的中坚力量，他们经验丰富，年富力强，渡过难关靠的就是这些人。对这些人，要带着饼和他们一起吃，要同甘共苦，患难与共，他们吃什么，你就吃什么，他们吃多少，你就吃多少。

分利益不能搞一刀切，要给老同志分饼，给年轻人画饼，和中坚力量一起吃饼。这样就可以在有限的物质条件下提高整个团队的满意度。这是用人四策之三：分饼画饼。

4. 厚赏惜赏

《战国策》记载，燕昭王下定决心要复兴燕国，可是苦于没有人才，于是他向手下的大臣郭隗问计。郭隗给燕昭王讲了一个故事。

谈 古 论 今

有一个富人特别喜欢千里马，决定用重金购买。他派了一个可靠的仆人带着黄金出去寻找千里马。过了很久仆人回来了，背着一个鼓鼓囊囊的麻袋。

富人就问仆人："我要的千里马你买到了吗？"仆人说："买到了，而且是花了大笔的黄金以高价买到的。"富人纳闷，就问："马在哪里呢？"仆人把麻袋往地上一倒，"哗啦"出来一堆马骨头，仆人说："这是一匹死去的千里马的骨头，我买的就是这个。"富人不由大怒，就要处罚仆人。

仆人却说："马骨头自有大用。主人您想，您因为喜欢千里马，不惜花重金买一堆千里马的骨头，这个消息传扬出去，全天下的人都知道您喜欢千里马了，那些拥有千里马的人一定会络绎不绝地前来献马的。您用这堆骨头一定可以引来更多的千里马。这是一件名利双收的事，何乐而不为呢？"不久，富人果然得到了好几匹千里马。

讲完这个故事，郭隗对燕昭王说：现在燕国正缺少千里马，我郭隗不才，愿意给燕国做这堆马骨头。燕昭王大喜，就筑起了黄金台，拜郭隗为相。没多久，乐毅等人才果然络绎不绝来到了燕国，燕国很快强盛起来。

领导者奖励手下人往往不仅为了激励他，还为了做一个榜样给别人看，让大家都知道自己是重视人才的，从而吸引更多人才。这就是厚赏之策。这种方法要比费尽力气到各处去寻访人才有效得多。厚赏通常是领导者的一个标志性行为，但是这个行为也是要有些规矩的。

谈 古 论 今

春秋战国时期，韩国有一个出色的管理者韩昭侯。有一次，下人帮韩昭侯整理衣服，清理出一条旧裤子，昭侯不准备再穿了，一个下人就想让昭侯把裤子赏给自己，但是昭侯不肯。有人给昭侯建议说，君主就是要善于奖赏的，何必要吝惜这小小的一条旧裤子呢？

韩昭侯却不这么认为。他告诉左右的人，君主固然要善于奖赏，但是任何的奖赏都要有依据，一定要把奖赏给那些有业绩、值得奖赏的人。

所以，明智的君主在奖赏上从来不随便。虽然是一条小小的旧裤子，但是，随便赏下去，就会给无功的人留下一种印象——不用努力也有机会获得奖赏，同时也会给有功的人留下一种印象——君王赏罚是根据自己的喜好进行的，再努力也是白费。这样，阿谀奉承的人就会有机可乘，投机取巧的人就会变本加厉，埋头苦干的人就会心生失望，长此以往一定会形成大患的。

惜赏的道理在于，虽然领导者手中握有很多资源，可以游刃有余地安排下属的奖赏，但是也绝不可以随便行赏，一定要做到事出有因，赏罚得当，大功大赏，小功小赏，无功不赏，从而形成一种积极健康的风气来引导众人的行为。这是用人四策之四：厚赏惜赏。

长 话 短 说

本章从"用贤不用力"的历史典故出发，讨论了领导的核心工作定位问题。

正因为管理的本质在于通过别人完成任务，所以我们才能看到，历史上很多看起来很平庸的人能够当领导、做大事业，奥妙就在于合理任用人才、调动下属的积极性。

在调动下属积极性的过程中，最重要的是针对下属的需求层次制定差异化的激励方案，要处理好公平的问题。孔子关于子路和子贡做好事的评论还提醒我们，在树立榜样的过程中，要注意榜样的适应性、接受性问题。留住人才的技巧有四个：分槽合槽、高屋低屋、分饼画饼、厚赏惜赏。

可以这样说，一个人的领导水平不体现在他自己做了什么事，而是体现在他用什么样的下属去做事。领导水平完全表现在下属的努力程度上。如果下属不努力，只有领导自己努力，那么领导干得越多就越不合格。相反，如果领导自己比较清闲，但是下属们个个干劲十足、勇挑重担，那么这个领导的水平就是比较高的。

忙乱是领导者的大忌，而持续的忙乱往往是由于工作没有主次、做事没有条理、分工不明确造成的。领导不用人人都管、事事都管。领导者不需要事必躬亲，而应该只关注异常，不关注正常；只关注例外，不关注例行。因为正常的事情、例行的事情，有制度管、有下属管，不用领导自己管。

领导者居中调度、总领全局的时候，要把自己的精力和时间逐渐从具体工作中解脱出来，要把很多执行层面的事情交给下属去做。下属中能做得完全让领导满意的人不多。这个时候看着下属不顺眼，领导怎么办？千万不能临阵换将，也不能自己上阵。不但要接受这个不满意的结果，而且在下属完成任务以后,还要给下属奖励和表扬。这种情况是最考验一个人的心胸的。

每一个领导者都应该学会接受一个不完全满意的结果,学会安排不完全满意的下属去做一件让自己不是完全满意的事情。明知道下属会犯错误,甚至连犯什么样的错误都能预见到,还是要让下属去做,锻炼下属,培养下属,容许下属犯错误,让下属在犯错误中成长,不断改进工作。心胸有多大,事业就有多大。如果一个管理者无法忍受这个局面,就有可能让下属靠边站,自己亲自动手做。于是问题就出来了,你浑身是铁又能捻几根钉?事业这么大,工作内容这么多,靠领导自己的力量怎么可能做完呢?

有一件事情你能做得好,那叫合格;有十件事情你能做得好,那叫优秀;有五十件事情你能都做好,那叫卓越;有一百件事情,你还想努力把它们都做好,那就叫找死!

第二章　你凭什么说了算

　　权威产生权威，权力导致权力。任何一种权力或者权威的产生，都必须借助已经存在的权力或者权威作为基础。没有凭空产生的权力，也没有生来就有的权威。组织是管理的基础，权力是管理的原动力。

第二章
你凭什么说了算

　　事　典：树立权威的策略
　　时　间：春秋时期齐景公时
　　地　点：齐国都城临淄（今山东淄博）
　　对话者：齐景公、司马穰苴
　　出　处：《史记·司马穰苴列传》

> 景公召穰苴，与语兵事，大说之，以为将军，将兵扞燕、晋之师。穰苴曰："臣素卑贱，君擢之闾伍之中，加之大夫之上，士卒未附，百姓不信，人微权轻，愿得君之宠臣，国之所尊，以监军，乃可。"于是景公许之，使庄贾往。
>
> ——《史记·司马穰苴列传》

　　自古英雄出少年。汉武帝元狩二年（公元前121年）的秋天，是一个壮丽的秋天。从这年春天开始，霍去病带领万余骑兵与匈奴骑兵在祁连山麓展开血战。"春，转战六日，过焉支山千有余里，合短兵，杀折兰王，斩卢胡王，诛全甲，执浑邪王子及相国、都尉，首虏八千余级，收休屠祭天金人。……夏，……逾居延，遂过小月氏，攻祁连山，得酋涂王，以众降者二千五百人，斩首虏三万二百级，获五王、五王母、单于阏氏、王子五十九人，相国、将军、当户、都尉六十三人。……秋，率师攻匈奴西域王浑邪，王及厥众萌咸相奔，率以军粮接食，并将控弦万有余人，诛，获首虏八千余级，降异国之王三十二人，战士不离伤，十万之众咸怀集服。"（《史

记·卫将军骠骑列传》载）

从春天到秋天，二十岁的少年将军，纵马于祁连山下，所向披靡，席卷河西走廊，令一向以彪悍勇猛著称的匈奴骑兵闻风丧胆。汉朝攻打匈奴的战绩在这时达到了辉煌的顶峰。传说，庆功的时候，天子送来了美酒，由于酒少人多，霍去病将美酒倾倒于泉水之中，与士卒共饮。大军开怀畅饮，欢声雷动，每一个人都热血沸腾，这个地方也因此被后人称为"酒泉"。历史远去了，英雄远去了，但那样的情景令每一个后来人神往。

一个二十岁的年轻人，用自己的肝胆豪情照亮了历史。一个人去影响一群人，并且带领他们义无反顾地去完成充满艰险的任务，这种行为本身就是一个神话，也只有深谙管理奥妙的人才能做到。年仅二十岁的霍去病做到了。

今天，我们已无法去追问少年英雄霍去病是如何做到这些的。但是，我们可以看到，中华民族在五千年的文明史当中，从庞大帝国的管理、跨越洲际的远征，到浩大宏伟工程的组织实施，无一不体现着管理的思想和智慧。这些思想和智慧，散落在浩如烟海的历史中，等待我们去传承和发扬。

一个群体，需要有人站到前排去带领；一个民族，需要有英雄站出来指引前进的方向。这是历史的必然。在管理学作为一门学问被人们认识之前，这种必然就存在已久了。管理学是一门年轻的学问，但管理本身却非常古老，可以说管理是一种进化现象。比如狼、牛、大雁，在人类之前，就已经具备了管理的某些基本形式：狼有头狼，牛有头牛，雁有头雁。有了一个权力中心之后，群体内部的协调成本会降到最低，群体行动效率会大幅度提升。

每个群体都需要一个核心人物。但实际上，我们都生活在弱点之中，每个人都有自己的缺点和不足。我们又都生活在自我设想之中，每个人都有不同的意愿和想法。如何让众人心服口服地放弃自己的意愿，而去接受和服从他人的带领，这确实是一个充满挑战的问题。

影响他人，是一门科学，更是一门艺术。翻开英雄史，翻开思想史，看看我们身边的生活，我常常感到，管理真的很像一种需要精心投入的表演。这种表演每天都在我们身边上演着，有的稚嫩，有的娴熟，有的精妙绝伦，有的粗糙乏味。而表演的主角——那些主动或者被动地站到前排接受挑战的人，就是每天下班时从我们身边匆匆而过的陌生人，以及我们自己。

如果有一天，你一不小心站到了前排，而你的身后恰是一群并不信服你的人，你该怎么办？

杀鸡还是杀猴

司马穰苴是个新领导，新领导没有威信可是个大问题。人们只会服从自己信服的人的命令，而绝不会去认真执行一个自己不信服的人的指令。很多时候，下属执行不到位，做事情敷衍拖沓，都是由于上级领导缺乏足够的威信造成的。

谈古论今

齐国的大军事家司马穰苴是在齐国处于危难的时候走上历史舞台的。齐景公时，晋国出兵攻击齐国的阿、甄之地，而燕国入侵河上，齐国的军队吃了败仗。危急时刻，贤臣晏婴向齐景公推荐了司马穰苴，说他"文能附众，武能威敌"。于是景公召见了穰苴，被他的才能折服，决定任命他为将军，带兵迎击燕、晋的军队。

得到景公认可以后，穰苴并没有得意忘形，他首先想到的是自己在部队中的权威问题。他很诚恳地对齐景公说："我出身卑贱，您把我从乡下提拔上来，让我的职位在大夫之上，这个时候，士卒难以接纳我，百姓不信任我，我实在是人微权轻。为了方便开展工作，希望你能派一个地位比较高的宠臣来做我的监军。"景公很高兴地答应了，派了庄贾做监军。

景公哪里知道，这其实是穰苴的一个计策。想想看，一个乡下的农民，突然被国君提拔成三军统帅。如何在短时间内让自己的下属信服，特别是让那些有权有势有功的将领信服，这是穰苴面临的一个巨大问题。庄贾做梦也没有想到，自己已经变成了司马穰苴的一个棋子，性命难保。

司马穰苴与庄贾约定："明日日中在辕门相会。"第二天，穰苴提前到达，并让手下人把计时的沙漏准备好。这哪里是计时，分明是在给还蒙在鼓里的庄贾催命。庄贾平日骄纵惯了，一旦身为监军，那就更加不可一世，他想既然自己是监军，大将军自然要让自己三分，迟到一点没有什么大不了的。于是，亲朋好友来送他，他就和众人喝开了小酒，一直到傍晚才来到军中。穰苴质问他："你为什么迟到？"庄贾轻描淡写地说："亲戚和同事来送我，所以耽误了一下。"

穰苴慷慨陈词道："作为一个将领，接受了任务就要忘记自己的家，执行军法就要忘记感情，冲锋陷阵就要忘记个人安危。现在情况危急，大敌压境，你怎么敢随随便便就因为个人的事情而耽误军务呢？"于是召来管军法的人将庄贾斩首示众。

景公派遣使者来救庄贾，车马奔驰进入军中。穰苴威严地问管军法的人："在军中跑马，按军法该如何处置？"管军法的军官回报说："当斩。"穰苴说："君王的使者不可杀。"于是就把使者的仆人斩了，把车的左驸、马的左骖也斩了。此举一出，三军震撼，再没有人敢瞧不起新任统帅司马穰苴了。

要树立威风，最高效的手段就是通过处理一个典型来镇服众人。这个典型应该是一个什么样子的人呢？司马穰苴给了我们一个很好的答案——这个人必须是有地位有权势的人。

有人把这个手段称为杀鸡儆猴。其实，到底是不是杀鸡儆猴，还是值得探讨的。我们不妨把这个例子放大来考虑。假如有个新来的领导要给一群大象当头领，为了震慑这些大家伙，这位新领导威风凛凛地从地上抓起一只蚂蚁，然后当着这群大象的面把蚂蚁狠狠捻死了。这样会

> 捻死大象给蚂蚁看，立威就要处罚分量重的人。

不会起到震慑的效果呢？当然不会。不但不会起到震慑效果，大象还会嘲笑他的软弱。相反，如果给一群蚂蚁当头领，上来就当众捻死一头大象，那么蚂蚁一定会格外信服领导的威严。所以，我们应该捻死大象给蚂蚁看，只有处罚了有分量的人，才能起到震慑的效果。回过头来看，一般来说鸡是比猴子小的，所以如果真的想取得管理的效果，恐怕更好的方法是杀猴给鸡看。这个策略叫作"罚上立威"。

罚下不能立威。新官上任当天就把门口看自行车的保安给骂哭了，这根本起不到树立威信的作用，相反只能让大家嘲笑。只有处罚有足够分量的对象，才能有成效。威信威信，有威还要有信。如何树立信用呢？秦国的商鞅变法给了我们一个很好的借鉴。

■■■■■■■ 谈 古 论 今

战国时期,秦国商鞅准备变法,公布法令之前,担心老百姓对法令没有足够的信任,于是就使用了一个很有效的小技巧。他让人在南门立了一根三丈的木杆,公告说如果有人能把木杆移动到北门就给予十金的奖励。老百姓觉得移动木杆就给金子,这个事情很奇怪,没人敢动手。商鞅就把奖金增加到五十金。后来有个人上前把木杆移到了北门,真的当场就得到了五十金的奖励,于是大家对商鞅信心大增,对他提出的主张、下达的指令都格外信服。

这个策略叫作"赏小取信"。赏大不取信,必须要赏小。人们的心理是这样的:大家都觉得,大成绩、大事业得到回报是理所应该的,领导者奖励大成绩、大贡献,本身就顺理成章。所以这种奖励对群众的影响不大,起到的宣传示范作用也不大。而小事情就不一样,小事情不起眼,容易忘记、容易忽略,只要在容易忽略的环节表现出足够的重视,就一定能取得大家的关注,从而起到足够的示范作用,让群众信服。

> 罚上立威,赏小取信。

只有一个圆心

权力是指按照自我的意愿要求别人服从的能力,主要用于决定组织内部的资源分配和组织成员的行动。权力包含五种类型,前文讲到的是惩罚权和奖赏权的使用,其他三种是合法权、专家权和感召权。

1. 一个圆只能有一个圆心

权力具有向心性的特点。组织当中权力不是平均分配的，而是掌握在部分核心成员手里的，而且在这些核心成员的内部，权力也不是平均分配的，总是有一个人作为核心来做决策、主持大局。再民主的过程，最后也需要集中；再民主的团队，最终也要有一个人出来拍板。

一个圆只能有一个圆心，一个组织必须有一个权力核心。权力的不均衡可以带来组织的稳定，否则就会引起组织内部的动荡。比如古罗马的三巨头政治模式，意图平均分配权力，结果导致了三个权力中心之间的激烈冲突，内战消耗了罗马帝国的实力，为后来的分裂和衰败埋下

> 一个圆只能有一个圆心，一个组织必须有一个权力核心。

了祸根。公司分配股权也是一样，几个人一起创业，是不是就应该按照人头平均分配股权？当然不能。必须要有多有少，请一个人出来当圆心，大家围绕这个圆心来开展工作。这是权力分配时的一个基本问题，是权力向心性的具体表现。

在组织发展的过程中，一直存在着民主与集权的平衡问题。把权力完全放下去，下级就会各自为政，只考虑局部不考虑整体，组织的效率就会降低；把权力完全集中起来，决策的速度快了，力量更集中了，但是不能调动下级的积极性，而且没有了集体智慧的支持，决策容易出现偏差。所以要在收放之间掌握一个度。例行的、风险小的、结构化好

> 权利的五种类型：惩罚权、奖赏权、合法权、专家权、感召权。

的、重要程度低的、有定论的事情，就可以放一放；例外的、风险大的、不确定性强的重大事件，就要收一收。

当领导就好比钓鱼，这一收一放之间，体现着钓者的眼光和智慧。

2. 借助权威增加权威

在五种权力当中，最基础的是合法权。没有合法权，其他四种权力就会失去运用的平台。《史记》中记载了这样一个故事。

谈 古 论 今

秦二世元年（公元前209年）七月，陈胜、吴广一行九百人被派往渔阳戍边。走到大泽乡的时候，天下大雨，道路不通，估计要赶不上规定到达的期限了。按照当时秦国的法令，耽误期限就要被斩首。于是陈胜、吴广秘密谋划要造反。

陈胜是个有心计的人，他首先想到了起义之后的号召力问题。想想看，陈胜、吴广尽管有反秦的决心，但两个人只是平凡的贩夫走卒，没有名气、没有影响力。谁会信服他们？又有哪个愿意追随他们？

有名气的人做事，可以一呼百应；没名气的人做事，只能是百呼一应。先要有影响力，才能有大事业。所以陈胜选择了两个名满天下的人物——扶苏和项燕，假托他们二人的名义起兵造反。

下定决心造反后，陈胜、吴广算了一卦。占卜过程中遇到一位高人，这位高人指点说：你们二位的事情可以成功，不过你们想到借助鬼神的力量了吗？

陈胜、吴广何等聪明，一听这话马上就明白了：这是教我们利用鬼神在众人中树立威信啊。于是，他们偷偷用朱砂在帛上写上"陈胜王"的字样，放在别人捕捞的鱼的肚子里。士卒买鱼回来烹调，从鱼肚子里得到了帛书，都很震撼、惊诧。吴广假装狐狸，深夜在住处附近大呼"大楚兴,陈胜王"。

陈胜的威名就这样建立起来了。

为陈胜占卜的那位先生应该是一位世外高人,在陈胜举兵造反的关键时刻提出了一个重要的策略——装神弄鬼。做大事为什么要从装神弄鬼开始呢?这里边很有一些道理。

人们不会轻易否定已有的权威,除非是出现一个更强大、更有说服力的权威来源。例如,陈胜、吴广号召大家造反,但众人已经长期习惯于服从秦王朝的权威统治,突然让他们抛弃过去转而去相信和听从一个新的权威,这肯定是很难办到的。除非有一个特别明显能说服大家的理由。

> 任何一种权力的产生,都必须借助已存在的权力或权威作为基础。没有凭空产生的权力,也没有生来就有的权威。

合法权的内在机制比较简单,就是让众人的信念指向一人,众人都觉得这个人比其他人更有资格来领导大家。但是,人们不会轻易相信另一个人。领导行为和人们的信念体系密切相关,只有众人相信了一个人的权威,他才有可能成为领导。

权威产生权威,权力导致权力。任何一种权力或者权威的产生,都必须借助已经存在的权力或者权威作为基础。没有凭空产生的权力,也没有生来就有的权威。

而在众多的权威性当中,有一种在人们内心世界里与生俱来的权威崇敬,就是对超自然力量的敬畏和崇拜。在人们的整个信念体系当中,对大自然的敬畏和崇拜是居于显著位置的。这种敬畏和崇拜导致了神秘思想的产生,人们相信在冥冥中有超自然的力量在决定着眼前现实的生活。这种信念导致了宗教情结和鬼神思想。对鬼神的敬畏使得人们可以很好地解释一些自己无法了解并且也无能为力的事情。假如一个人能让众人相信他已经获得了鬼神的支持，那么他自然也就能无条件地获得众人的认可和信服，号召力和命令权也就顺理成章地产生了。

陈胜、吴广自身可以借助的权威资源非常有限，他们首先借助的是扶苏、项燕这两个已经有权威性的人，但是这种借助毕竟太单薄了，而且经不起推敲和审视。在关键时刻，占卜先生给了他们一个非常有价值的建议，就是借助自然权威，使用鬼神的力量收服人心。

历史上的诸多例子印证了这一点。很多帝王将相在起家阶段都是借助超自然力量的权威，通过制造神秘事件和独特禀赋（诸如满室红光、百鸟来朝、头顶祥云、星宿下凡，乃至阴阳风水、面相手相、生辰八字等），使自己获得合法权的。

3. 权力的最初来源

组织当中到底由谁说了算，这个问题我们可以在《西游记》中窥见端倪。唐三藏西天取经离开长安的时候，唐太宗李世民想给他派护送部队，被他谢绝了，最后离开长安的时候只有两个仆人和一匹普通的马。佛祖想到的是给唐三藏安排三个徒弟和一匹神马，于是一路上在五行山收了孙悟空，鹰愁涧收了小白龙，高老庄收了猪八戒，流沙河又收了沙和尚，取经的团队终于建立起来了。

为什么要建立这个团队呢？原因很简单，唐三藏人单力孤，需要帮手，这就是组织建立的最初原因——协作以集中更大的力量达到目标。团队建立以后确定了权力结构和分工，三个徒弟有开路的、有牵马的、有挑行李的。有了这种权力结构和分工，组织才能朝着既定目标前进。

西天取经实际上是一次外交上的胜利,每次遇到妖魔鬼怪时都需要孙悟空上天、入地、下海去请神仙搬救兵,这就是管理中的一个重要规律——到组织外部去寻求资源,强大的外交能力可以弥补自身的不足。

> 身份、道德、授权、外部支持和强制力是权力的最初来源。

尽管孙悟空能力非常大,但他终究是被管理者,权力归唐三藏。因为唐三藏是如来大弟子转世,这是身份基础;是十世修行的好人,这是道德基础;受到唐太宗李世民的委托,有正式的授权;是如来钦定的人选,这是获得的外部支持;另外,唐三藏还有一个法宝,就是他会念紧箍咒,孙悟空不听话的时候他可以念紧箍咒,这就是强制力。从这种身份、道德、授权、外部支持和强制力当中,我们可以看到权力的最初来源。

我们可以看到,个体的渺小和协作发展的愿望是一个组织建立的起点。但是简单地把一些人聚到一起,只能是形成一个群,是人员数量的增加,还不能完全形成一个组织,从人群到组织,不仅是量的增加,还是一个质的飞跃。这次质的飞跃需要组织建立一个共同发展的目标,形成权力结构。这种权力结构是一种稳定的内在结构,包括制度的建立、部门的设置、人员的分工、资源的配置方式等。

总体来讲,管理的逻辑发展是这样进行的:

第一,在生产生活中因个人力量的单薄而产生了协作的愿望,从个体到组织的形成,就是在这种愿望的支撑下完成的,这个阶段需要解决做什么和需要谁的问题。

> 到组织外部去寻求资源,强大的外交能力可以弥补自身的不足。

第二,建立一个组织以后,关键是如何让这些人为了共同的目标努力,为此就需要着手于目标、结构、权力方面的事情。这个阶段需要解决听谁的和怎么去做的问题。

第三，一旦组织开始运转，朝着目标前进，就需要激励成员，确保组织的效能，这个阶段需要解决怎样进行控制、怎样评价和回报贡献者的问题。在形成组织的过程中，当组织成员意见不一致时，到底听谁的，这个问题解决不好，组织就会陷入混乱，管理就无从谈起。

因此，组织是管理的基础，权力是管理的原动力。没有发动机，再好的汽车也是一堆废铁；没有权力，再高的职位也是个摆设。

新来的领导是熟人

增加权力的技巧有很多，这些技巧集中地表现在一件事情上，就是给熟人当领导。我们来看看这样的事实——

新领导："诸位，我受上级任命，到这里来带领大家工作，希望各位多多支持！"

下属甲："这不是邻居老王家的二小子嘛。你穿开裆裤的时候我就认识你！"

下属乙："我还是你师傅呢，你那一套，对我没用！"

下属丙："各位各位，他以前和我对桌，他那点事你们知道吗？"

下属丁："这位刚来咱们单位的时候，喝多了光着膀子在楼下哭，我还训过他呢！"

……

给熟人当领导是一件充满挑战的事情。你走上前台，老上级、老师傅、老同事、老伙计全都在台下。这些人不但资历深，而且他们知道你的过去，对你的那些可笑的事、无知的事、丢人的事知道得很多。他们不但不会轻易信服你，而且言语之间还有可能一不留神就毁了你的领导形象。这时候该怎么办？

有一位新领导回原来工作过的地方担任一把手，到任时，老领导准备专门安排一个十分隆重的就职仪式，并且想把很多地方名

> 形象是领导者的生命，没有形象就没有威信，没有威信就没有影响力。

流、相关部门领导都请到现场。新领导认为这样大操大办违反了自己做事的原则，表示坚决反对。老领导则语重心长地说，我这样做不是为了我自己，而是为你下一步开展工作做一个很好的铺垫。新领导很不理解：明明是搞了一堆没有意义的吹吹打打，怎么能说是有利于工作呢？这么讲究排场究竟为的是什么？

其实，深思起来，老领导确实是在帮新领导，这里边是有一番苦心的。你想，新领导在被提拔之前一直在这个单位里，一个人在成长过程中，难免有一些可笑的事、丢人的事、幼稚的事发生，这些事情，周围的人都会清楚地记得。而且，那个时候，新领导作为一个小人物，对周围的人一定也是毕恭毕敬，那些老师傅、老同志、老领导也一定常常对他指指点点，说不定连门口看自行车的老大爷对他也进行过批评教诲、吆五喝六。

在管理上，我们把那些有利于领导者巩固权威的认知内容（如某些信息或事件）称为正认知，而把那些不利于领导者巩固权威的认知内容称为负认知。显然，上边这位新领导回到原来工作过的地方担任一把手，他首先面临的问题就是负认知太多，对他的权威性是一种损害。老领导是个贴心人，他是眼看着新领导成长起来的，那些成长过程中的点点滴滴都装在他心里。他完全了解新领导面临的挑战：如何跨越群众的认知门槛，改变大家过去已经建立的刻板印象，树立一个崭新的、具有足够权威的新形象，这是摆在新领

导面前刻不容缓的问题。

于是，老领导把自己的想法和盘托出，他语重心长地告诫新领导：形象是领导者的生命，没有形象就没有威信，没有威信就没有影响力。过去人们对新领导有一个固有的印象，而在这个印象当中有很多元素是不利于权威树立的。在上任伊始利用初次亮相的关键时刻，重新树立一个崭新的形象，确实是一项可以建立威信、为下一步工作打下基础的重要任务。

听了这番劝告，新领导真是既佩服又感动，完全被说服了。于是一个像模像样的就职仪式如期举行。上级领导、各级权威逐一发言，对新领导的能力和水平充分肯定，热诚赞扬，使在场所有的干部群众内心都受到了很大的冲击。眼见着这些权威专家和领导们都异口同声称赞新领导，大家不由在想："这么高水平的专家、这么权威的领导都对咱们这位新领导称赞有加，看来这位仁兄确实已经今非昔比了。"

就这样，借助一个就职仪式，新领导迅速打开了局面，树立了个人形象，从而为下一步工作奠定了牢固的基础。

以上是一个典型的使用权力符号增加权威性的例子。一般来说，下属的认可度和领导者使用权力符号的程度成反比。低认可度，高符号；高认可度，低符号。

所谓"权力符号"，就是借助一些外显的、容易被周围人认知的表面信息，来获得更多深层次的认同。一般来说，常用的权力符号包括物质符号、行为符号、信息符号、关系符号。物质符号主要包括服装、随身物品、汽车、住房等。行为符号主要包括言谈举止、待人接物的模式等。信息符号主要包括专家知识、关键信息、特殊诀窍等。关系符号主要包括头衔、社会地位、特殊的人际关系等。

1. 低认可度，高符号

对于认可程度低、掌握负面信息多的下属，适宜采用高符号策略。因此在给熟人当领导时，应该首先使自己的个人形象有一个明显改变，如换一身新衣服或者变个发型。言谈举止也要注意，多使用正式的语言，多谈工作上的事情，展示自己的专业知识。第一次亮相的时候，一定要有一个标准的仪式，把群众认可的老领导、老上级请来。在仪式上，首先请他们发言，认可你的能力、肯定你的业绩、宣传你的形象。

这个办法叫作"抬轿子"，利用大家都信服的人把你抬上去。

> 领导的形象策略：低认可度，高符号；高认可度，低符号。

所以，对于要不要讲排场、要不要前呼后拥的问题，确实不能简单化处理。讲排场表面看是个虚荣心问题，其实深层次里包含着树立权威性的问题。没有了权威性，领导如何能开展工作呢！

一个领导到新环境中去开展工作，在亮相之前，需要认真思考一下，这里的干部群众对自己的认知度、认可度怎么样。如果大家早已如雷贯耳、人人敬仰，那么最好轻装简从、平易近人，既有了威信也有了亲切。如果干部群众的认知度、认可度都很低，甚至是负认知，心存疑虑、心存质疑，还有一些不良信息和不良印象，这时就需要使用高符号的策略。对此，我们的建议是：

- 刚亮相的时候要有一个比较大的仪式；
- 使用"抬轿子"的方法，请已经建立了权威、大家很认同的人出面进行正面评价，把威望抬起来；
- 在建立权威之前，不要随便和周围的人发展私人关系；
- 使用正式的语言，穿戴正式的服饰；

- 使用随从和下属，可以搞适度的前呼后拥；
- 展示一些自己独特的信息、专业的修养，并且当众传播自己的社会关系和头衔。

2. 警惕新领导"杀熟"

我的一个朋友是个性情中人，有一次很开心地告诉我，说他的一个旧相识、老朋友要成为他的直接上级了。他认为在老朋友的手下工作一定有很多好处，我却对他的乐观表示担忧。

事实证明我的担忧是有理由的。没过几天，他就很郁闷地来找我，告诉我他被新领导"杀熟"了。新领导居然全不念旧情，不但对他态度冷淡，而且要求严格，甚至当众批评，让他脸上十分无光。之前准备好的和新领导叙旧套近乎的那一套根本没有用武之地，现在心里有的，只是对领导不念旧情的愤懑和对人情淡漠的失望。

> 任何一个具备职业敏感性的领导，在对待过去老相识的问题上，基本上都会采取谨慎策略。

面对他的消极情绪，我给他讲了我的感受。我认为他目前的处境，完全来自于一开始他就对双方关系进行了完全错误的定位。

其实，新上任的领导是很介意面对过去的熟人的，尤其是那些资历浅、根基并不牢固的领导。他们很担心过去的一些负面认知会影响到自己的权威和形象。

有两点可以肯定：一是每个人在成长过程中都会发生一些幼稚可笑和错误的事情；二是过去的老相识对这些事情一定是记忆犹新的，他们极有可能传播这些信息。这两点给领导的担心提供了最切实的理由。所以，任何一个具备职业敏感性的领导，在对待过去老相识的问题上，基本上都会采取谨慎策略。

我的这个朋友对此一无所知,在新领导上任后,他不但主动贴上去,而且没大没小、大呼小叫,当众讲领导过去的一些事情,借以展示自己和领导曾经是死党,不知不觉扮演了一个"绊脚石"的角色,其结果也就可想而知了。

很多被新领导"杀熟"的人,首先是自己出了问题。他们往往天真地以为一切还是老样子,过去的事情和情感可以在今天继续延伸,而实际情况却是,时间、地位、责任和角色改变了一切。

所以,我给了我的朋友一个建议:当老相识成为新上级的时候,最好是采取适度谨慎和收敛的策略。

第一个方法叫作"照镜子":在彼此的交往过程中,自己就像镜子里的人,基本复制对方的态度,他对你什么样,你就对他什么样,他热你就热,他冷你也冷,通过模仿和复制,保证自己的言行不招人讨厌。

第二个方法是"热情而不主动":他谈过去,你也谈;他不主动谈,你也不主动谈;他主动来找你,你就十分热情地招呼,态度非常开放、积极;他不来找你,你也不主动上门,不发起联络,淡然处之。还有就是切忌在公开场合没大没小,以过去为资本,做出一些过分的举动。

裴松之在《三国志注》中,提到了西蜀大将马超的一段逸事,很符合上边的主题。

> 超因见备待之厚,与备言,常呼备字,关羽怒,请杀之。备曰:"人穷来归我,卿等怒,以呼我字故而杀之,何以示于天下也!"张飞曰:"如是,当示之以礼。"明日大会,请超入,羽、飞并杖刀立直,超顾坐席,不见羽、飞,见其直也,乃大惊,遂一不复呼备字。

实际上,刘备以一个卖草席的小贩身份,从同宗兄弟刘璋手里顺手牵羊得到了四川地盘，终于当上皇帝，他多少是有些心虚的。上任伊始，他肯定很担心自己的威信树立得不牢固，在这种情况下，得不到下属马超应有的尊重，他的内心一定会比较郁闷。

张飞的话说到了点子上，要"示之以礼"。也就是说，无论领导多么尊重你、赞赏你，你作为一个下属应该知道自己是谁，应该摆正自己的位置、约束自己的言行，不要做出格的事情，尤其不要当众做。因为一旦当众表现过火，就等于给领导拆台，直接损害了他的权威。领导尊重下属是应有的胸怀和气度，下属保持谨慎是应尽的职责，双方都应该做自己该做的事情。偏偏马超不明白这个道理，举止随意、言语怠慢，这当然让刘备感觉很不舒服。

但是刘备没有使用惩罚措施，而是绕了一个弯子，通过一个权力符号把马超搞定了，即借助关羽和张飞对自己的服从来展示自己的权威性。马超本来不把刘备当回事，结果看到名满天下的关羽、张飞在刘的面前毕恭毕敬捉刀而立，连坐的位置都没有，立刻对刘备的权威有了崭新的认识，从而改变了自己以前的傲慢言行。刘备这样做无异于让自己的孩子罚站给其他孩子看，既起到了震慑作用，也没有留下心灵的创伤，这确实是一种高明的管理技巧。一个卖草席的小贩能把管理艺术运用到这个程度，也难怪人家能代替刘璋成为西川之主了。

> 领导尊重下属是应有的胸怀和气度，下属保持谨慎是应尽的职责。

一般来说，典型的符号包括：

（1）头衔。头衔是最难也是最容易得到的权威象征。一方面，要得到一个名副其实的头衔，通常需要多年的努力；但另一方面，一个没有付出任何努力的人，给自己贴上一个标签以获得人们的尊重也易如反掌。

人们一方面会对一个具有权威头衔的人一味盲从，另一方面也会对缺乏头衔的人机械地加以抵制。心理学家以发表学术论文为例做过一个实验。他们找出若干篇由著名大学的知名作者写的论文，把作者的名字和工作单位改为不知名的个人和单位，然后再把这些文章重新投给那些以前发表过这些文章的期刊。结果，进入正常评审程序的文章90%都被退了稿。

（2）**衣着**。社会心理学家证实，要拒绝以权威的衣着包装起来的人，的确不是想象中的那么容易。有一个"比克曼实验"，就是让一个男青年在街上向过路人提出一些稀奇古怪的要求（比如捡起一个被丢弃的纸袋，或者站在公共汽车停车站牌的反面，等等）。这个提出要求的男青年有时穿着普通的衣服，有时则穿着安全人员的制服。结果当他穿着安全人员的制服时，答应他的请求的人要多得多。

心理学家还进行了一个有意思的实验，安排一个人叫住一位行人，指着站在五十米开外的停车计时器旁的一个人说："看到那个计时器旁边的人没有？他已经停车超时了，但没有零钱塞到计时器里去。给他一角钱！"说完这个人就转过街角，不慌不忙地走了。当行人走到计时器旁时，他已经消失在行人的视线之外了。如果他穿着警察制服的话，制服的影响力在他消失之后也依然存在，因为几乎所有的行人都按他所说的去做了。而当他着便装时，这样做的行人不到一半。

在很多情况下，身穿剪裁合身的西服也能提升人的威信。在一个实验中，研究者让一个31岁的男人在若干个地方违反交通信号穿过马路。在一半时间中，他穿着一套笔挺的西服，系着领带；而在另一半时间中，他穿着T恤衫。研究者们从远处观察，统计路边等着过马路的人中跟随他穿过马路的人数。结果发现，当他穿西装时，跟在他身后穿过马路的人数，是他穿T恤衫时的三倍半。

（3）**外部标志**。实验证明，如果一辆旧的经济型车在红灯变成绿灯后没有马上启

> 典型权力符号：头衔、衣着、外部标志、信息。

动,后面的司机就会马上按喇叭,而且大多数按了不止一次;而如果前面停着的是一辆崭新的豪华车,后面的司机却愿意等得久一点——50%的司机都恭恭敬敬地在后面等候,碰都没有碰一下喇叭,直到它终于开动起来。

(4)信息。信息符号分为三类:一是关键知识,有关完成组织任务的关键知识是一种典型的权力符号,特别是当别人无法掌握这些知识的时候,其符号意义就更加显著。显露这种符号就可以帮助领导者树立和强化自己在下属心目中的权威印象。二是特殊关系,主要是特殊的人脉资源,比如和上级、一些关键人物、一些能对组织发展起关键作用的人具有特殊的关系,展示这种关系也可以起到增加威信的作用。三是内幕消息,在一些重大事件发生之前、之后或者发生过程中,提供一些内幕消息,特别是一些别人无法得到的内幕消息,能起到很明显的强化权力符号的作用。

我们随机访问了五十位在国企或外企中做管理工作的干部,他们在企业工作多年之后又继续攻读MBA学位,通过了解他们对信息符号的想法,我们得到了一些很典型的例子。

▪▪▪▪▪▪▪谈 古 论 今

某公司的一位部门经理的丈夫是一个大企业的副总,总公司每年都和那家企业有很大的生意往来。所以这位部门经理在公司中的地位和说话的分量明显比同级别的人要高,大家对她的意见也都很重视。经常会有人私下向她发出邀请,借助一些社交活动,希望了解她先生所在公司的近况。她也会在一些规模小但级别比较高的会议上偶尔透露一些丈夫公司的内幕消息。因此,大家都觉得她是一个有特殊背景、很得领导赏识的权威人物。

参加MBA学习的学员谈起自己的教授,喜欢用的词汇常常是"信息量比较大"、"眼界很开阔"、"有很多消息"、"更了解这个行业"等，与那些不爱使用信息权力符号的教授相比，善于使用这些符号的教授更受学员的肯定。

在商务谈判中，有些管理者为了增加自己的说服力，往往会提前准备一些内幕消息，或者联系一些有特殊关系背景的人，以此作为本方在谈判过程中使用的符号，使对手更信服自己。

所有参加访谈的人都认为，有一些关系背景，了解一些关键信息，可以使自己在下属或者上级面前更有发言的底气。

所有参加访谈的人在公开场合进行多人讨论时，对信息符号的评价比在一对一的私下谈论时要低得多。

荷花荷叶间的失落

除了上述权力符号以外，还有第五种符号——接近上级。它比前四种更典型，也更有威力。讲到这里，要提到一首南宋时很有名的诗《晓出净慈寺送林子方》，作者杨万里。

毕竟西湖六月中，风光不与四时同。
接天莲叶无穷碧，映日荷花别样红。

以前学诗的时候，老师讲到这里都会说这首诗写景写得多么美啊！确实是很美。但事实上，这首诗不是写景的，而是写管理、写权力符号的。为什么这么说呢？

题目里面有一个人——林子方。南宋年间，他是皇帝办公室的值班秘书

（直阁秘书），专门负责给皇帝草拟诏书。后来，皇帝把林子方外调去做知府，林子方从处级干部一下变成了市长，自然很开心。诗的作者杨万里作为林子方的上级和好朋友，却不愿意让林子方去，因为他认为林子方只有留在首都、留在皇帝身边才能有更大发展。

但话不能明说，因为中国的文人都喜欢讲含蓄，而且在那个封建时代也不得不含蓄。所以在净慈寺这个地方，两人话别，借着荷花，杨万里给林子方提出了职业生涯的建议：

"毕竟西湖六月中"，西湖代指临安，南宋时是首都，阴历六月是杭州最热的时候。所以这句话在暗示：你毕竟是在首都，在最有资源、最有实力、最炙手可热的位置上。

"风光不与四时同"，在首都，你的前景未来比到小城市去当市长要好得多。为什么这么说呢？请看下一句。

"接天莲叶无穷碧"，"接天"中的"天"是指天子，就是说，小林你即使就是个普通的荷叶，但因为你是天子的秘书，接着天，很容易获得认可，前途无量，"无穷碧"！

"映日荷花别样红"，"日"还是代指皇帝，这句说的是在天子手底下工作，即使只出了一点点成绩，因为你是天子身边的人，天子很容易看到，周围的人也很容易认可，所以连"红"都是别样的"红"啊！

杨万里的核心就是劝林子方别离开这岗位，给天子做助手、积累资源要比去外地当一个小头头好得多。有了"无穷碧"和"别样红"，又这么年轻，在天子身边工作会有更大发展。

结果林子方愣是没听出来，还拿着诗说"好诗啊好诗"，跟我们绝大多数语文老师一样，连夸这首诗景色写得不错，然后翻身上驴，走了。于是，这位林子方就消失在这茫茫的历史里，我们再也找不到这个人了。

对于林子方来说，最重要的职业发展资源，莫过于和领导接近并保持深度沟通。而他自己并没有把这个资源放在心上。尽管已经从这个资源中获益了,并且有可能获得更多,但林子方还是把它遗失了,遗失在西湖美丽的荷花荷叶之间,遗失在优美的诗句和充满玄机的历史背后。

拉近与领导的距离,对下属来说,是一个进步的机会;对领导来说,也是一个很重要的选人途径。

孔子在《论语》中讲到用人时说过一句话:"赦小过,举贤才。"为什么要"举贤才",其实原因很简单,是因为信息对称。

> 拉近与领导的距离,对下属来说,是一个进步的机会;对领导来说,也是一个很重要的选人途径。

任用自己熟悉的人,优点可用,缺点可控。如果你不了解这个人,那么要花费时间去了解他的优点,在了解之前这个优点等于没有优点;还要花费时间去了解他的缺点,在了解之前,这个人再有才华,配合再好,也可能由于管理上的盲点,导致他的缺点给工作带来损失。所以任用干部的时候,特别是在时间短、任务重以及了解不多的情况下,还是应该任用信息对称的熟悉的人。

领导任人唯亲被很多人忌讳,其实很多人对这个认识存在一定的误区。我们提倡的是"任人唯知",上任之后任用一些跟自己有过合作、自己比较了解的下属是非常必要的,也是非常合理的。信息风险是干部使用过程中的首要风险,任用自己熟悉的干部恰恰可以避免这一风险,何乐而不为呢?

温柔一刀

朋友聊天时问我:"三国里的谋略,你最喜欢哪个?"我特别喜欢的一个谋略是"诸葛亮挥泪斩马谡"。京剧有出戏叫《失空斩》——失街亭，空城计，斩马谡，说的就是这段故事。这里有一个很棒的领导策略。

1. 制严语宽

谈 古 论 今

话说马谡吃了败仗之后和副将王平一起回来交令，诸葛亮先见的不是马谡，而是王平。诸葛亮把王平痛骂一顿，还打了一顿。打完了，走了，没事了。

轮到马谡进来的时候，诸葛亮一没骂二没打，上来就数落了两句："临行之时，嘱咐你当道扎营，你为何不听？"马谡跪下请罪。诸葛亮掏出一张纸对马谡说："军令状在此，别怪我无情，来人，把他推出去斩了！"马谡一看真要杀，当时就哀求说："我家上有老下有小，我才三十多岁这么年轻，求求丞相，能不能给我一次机会，让我戴罪立功。"

其实诸葛亮跟马谡的关系很不一般：马谡的亲哥哥马良是诸葛亮的老乡兼同学，后来马良在火烧连营七百里的时候，战死在乱军中，死得很惨。作为马良的至交，诸葛亮从工作到生活对马谡都格外照顾，两个人感情很亲密。而且马谡也很有才华，据《三国志》记载，诸葛亮擒孟获、定南中的策略就是马谡给出的。就是这样一个既有感情又有才华的学生，真的要杀，当然是很心疼的。

一看马谡哀求得十分可怜，诸葛亮眼泪下来了，他对马谡说："幼常，我们感情这么好，我真的不忍心杀你啊！可是军令状在此，不是我要杀你，是制度要杀你，我没办法啊！你的身后事，你不用担心了。你家人我来照顾，你的父母就是我的父母，你的孩子就是我的孩子，你就放心吧！"说完泪流满面把马谡给杀了。

"挥泪斩马谡"很绝，绝就绝在"挥泪"两个字上。诸葛亮杀完马谡之后收到了两个效果：一方面，全军肃然，大家明白了不能办错事，制度无情啊！另一方面，大家都说："丞相真是好人啊，真关心下属！"杀了一个人，还能让别人念他的好，这就叫"掉眼泪杀人"。

是真的舍不得杀吗？其实不是。赤壁之战，华容道关羽拦曹操，关羽也立下了军令状，但是他放走了曹操，结果呢，关羽不是照样没事，别说杀，连打都没打，也就是训斥了几句而已。所以可见军令状不是理由，还是诸葛亮真想杀。既然真想杀，还哭什么？这就是奥妙。一定要哭！杀是真心，哭也是真心。

> 用温柔的手段做冷酷的事情；
> 用冷酷的手段做温柔的事情。

越下狠手的时候就越要掉眼泪，这叫作"用温柔的手段做冷酷的事情"。这样做既强化了制度的权威，教育了众人，也树立了自己的形象，笼络了人心。这才是真正的高水平！

2. 先严后宽

人有一定的性格特点——先穷后富特开心，先富后穷特郁闷。上帝造人的时候就问人：如果你一生六十年，分成两半，你是愿意前三十年富、后三十年穷呢，还是愿意前三十年穷、后三十年富呢？所有的人都选择后三十年富。人跟人打交道也是这样，一开始宽，以后要想严就严不起来了。

谈 古 论 今

年初，领导把大家叫到一起说："咱们能一起做事都是靠缘分，大家在一起都是哥们儿，工作是次要，主要是人人开心，我不会为难你们的，只要大家努力就行了！"结果到年底了，眼看任务完不成，领导急了，开干部会时冷着脸说："今年谁没完成指标？我告诉你们，该免职的免职，该扣工资的扣工资。"结果，这些下属心里可就想了："当初对我们那么好，说翻脸就翻脸，呸！你个笑面虎、伪君子、假善人！"这下可好，工作还没上来呢，员工满意度先掉下去了。

我们考虑另一种情况，如果年初时这位领导冷着脸对大家说："我们工作是工作，感情是感情。虽然关系很好，但是完不成任务，我还是要痛下杀手的。我再次强调一遍，任务必须完成！"最后年底评比时，领导说："年初任务订得高了，我心里也明白。我之所以那么凶、那么狠，其实就是为了激发大家的积极性。各位辛苦一年也都不容易啊！就剩下这么两天了，该完成的完成，完不成也没事，我们全公司任务已经完成啦！"这时候，全场一定会热烈鼓掌，大家会觉得这人真好，虽然平时凶巴巴的，但其实还是有点人性的。

人性有一个基本的特征就是：由坏入好易，由好入坏难。比如穷人富了比较容易承受，富人穷了却很难承受。管理也是一样，一开始严厉些，以后慢慢变得宽和了，正好比由穷入富，人人会称赞领导的仁德。如果相反，一开始宽厚，以后越来越严厉，正好比由富入穷，必然会导致人人怨恨。

其实，人人都习惯于先严后宽。做领导要吃准这火候，如果一开始绷着脸，脸色还可以逐渐缓和；如果一开始勾肩搭背、称兄道弟，那么以后制度就没法执行了，行为空间也会特别小。所以，刚开始的时候要求要严格，措施要严厉，随着时间的推移，可以适当有所缓和，个别条款可以有所放宽。这个策略就叫作"先严后宽"。

3. 近严远宽

"近严远宽"指的是在日常管理中对身边的人要严格，对隔层乃至更远的基层下属则保持宽厚。身边的人是受直接指挥的，和他们的交往主要是工作关系，往往要亲自进行直接的考核与奖励；而隔层的人是没有直接工作关系的，不需要亲自进行考核和奖励。在这种情况下，对身边的人当然要全面细致地提出要求，而且要求要具体，赏罚要分明。而对隔层的人，只要提出原则上的要求就可以了，给他们的直接上级留出行动空间。

另外，身边的人日常和私人接触都很多，容易确立的是感情，不容易确立的是权威；而隔层的人日常和私人接触都很少，容易确立的是权威，不容易确立的是感情。为了保持平衡，防止偏于一端，也需要采取近严远宽的策略。

4. 上严下宽

对上等才智、责任重、位置高、有发展前途的下属要求严，对其他的下属宽。为什么呢？上等才智的人最有前途，最容易被塑造成栋梁，对他们的一分教导会产生十分的收获，而且他们本身往往已经身担要职，属于中流砥柱，容不得半点差池，另外他们能力强、水平高，要求严格了也能理解、能完成，还会感激领导的栽培，所以对他们的要求一定要严格、具体、明确。

而对一般的下属，特别是那些没有什么发展前途、无足轻重的下属，则没有必要投入过多的关注。要求多了，他们不但做不到而且不理解，会闹出很多乱子的。这就和打理花园的时候，专门给小树剪枝而不必管旁边的小草是同一个道理。

长 话 短 说

本章重点讨论的是权威性的树立问题。

在树立权威的过程中，我们提倡杀猴儆鸡，捻死大象给蚂蚁看。只有处罚了有分量的人，才能起到震慑的效果。这个策略叫作"罚上立威"。

权威产生权威，权力导致权力。任何一种权力或者权威的产生，都必须借助已经存在的权力或者权威作为基础。没有凭空产生的权力，也没有生来就有的权威。组织是管理的基础，权力是管理的原动力。没有发动机，再好的汽车也是一堆废铁；没有权力，再高的职位也是个摆设。

形象是领导者的生命，没有形象就没有威信，没有威信就没有影响力。一般来说，下属的认可度和领导者使用权力符号的程度成反比。低认可度，高符号；高认可度，低符号。权力符号，就是借助一些外显的、容易被周围人认知的表面信息，来获得更多深层次的认同。常用的权力符号包括物质符号、行为符号、信息符号、关系符号。

一个领导到新环境中去开展工作，在亮相之前，需要认真思考一下，这里的干部群众对自己的认知度、认可度怎么样。如果大家早已如雷贯耳、人人敬仰，那么最好轻装简从、平易近人，既有了威信也有了亲切。如果干部群众的认知度、认可度都很低，甚至是负认知，心存疑虑、心存质疑，还有一些不良信息和不良印象，这时就需要使用高符号的策略，搞仪式、带随从、设计一定的排场、使用权威的语言。

在给熟人当领导时，应该首先使自己的个人形象有一个明显改变，如换一身新衣服或者变个发型。言谈举止也要注意，多使用正式的语言，多谈工作上的事情，展示自己的专业知识。第一次亮相的时候，一定要有一个标准的仪式，把群众认可的老领导、老上级请来。在仪式上，首先请他们发言，认可你的能力、肯定你的业绩、宣传你的形象。这个办法叫作"抬轿子"。

信息风险是干部使用过程中的首要风险。我们提倡的是"任人唯知"，上任之后任用一些跟自己有过合作、自己比较了解的下属是非常必要的，因为这样的人，优点可用，缺点可控。

第三章　一路上追的原来是自己

领导者最与众不同的地方是具备很强的驱动力和成就导向。换句话说，就是具有想当领导的强烈愿望，并能从奋斗的过程中获得满足。伟大的人物之所以伟大，就在于关键时刻坚信未来，坚信自己的力量。

第三章
一路上追的原来是自己

事　典：向内成长
时　间：商汤伐夏前夕
地　点：商之都城亳（今河南偃师）
对话者：商汤、伊尹
出　处：《吕氏春秋·先己篇》

> 汤问于伊尹曰："欲取天下，若何？"伊尹对曰："欲取天下，天下不可取；可取，身将先取。"
>
> ——《吕氏春秋·先己篇》

阅读历史的感觉，首先是真实本身引发的震撼，接着是时光流逝带来的感慨。历史仿佛是一本传奇小说的作者，他一次次展开波澜壮阔的画卷，编织出刀光剑影、爱恨情愁，而时间则像是一位耐心的小品导演，把接到的剧本逐一变成了茶余饭后的笑话谈资。

很多大英雄轰轰烈烈地生、轰轰烈烈地死，为的是自己心中的梦想和信念。不过单有英雄的动机是不够的，还要有英雄的实力，否则英雄情结只能给自己徒增烦恼，降低生活的幸福感。

中国历史上有一个很有意思的现象，就是昏君装英雄。几个很经典的昏君在没有掌握大权之前，都是一副很出色的英雄模样，比如隋炀帝杨广。

杨广生活糜烂、荒淫无度，在历史上是出名的，但是在没有上台之前，他完全是另外一副样子。《隋书》上讲，杨广少年的时候很聪慧，而且"好学，善属文，沉深严重，朝野属望"。文帝杨坚到他府上去，看到他的乐器弦都断了，蒙了很多尘土，文帝认为杨广不喜欢享乐，于是十分高兴。后来这位少年的晋王平南陈、拒突厥南征北战，最终顺利地获得了继承权。不过，一旦掌握了大权，杨广就露出了本来面目，好大喜功、不务正业、荒淫无度、残害忠良，终于很快就身败名裂，落得一个可耻的下场。

我一直在想，杨广到底是一开始就是伪装的，到后来露出了真面目呢，还是一开始他也是真实的，只是后来显赫的地位扭曲了本性呢？这不得而知。不过有一点可以肯定，当他表现出很高的自我修养和自律精神的时候，就顺理成章地获得了权力和地位；当他表现得荒淫无度、目空一切的时候，在很短时间内就失去了已经获得的一切。

荣华富贵对一个人确实是重大的考验。《汉书》记载：韩信的谋士蒯通给刘邦打了一个比方。蒯通说，国家的管理权就像一头鹿，秦失去了它，天下人就会共同来追逐。面对鹿，人人都会有想法。逐鹿中原是机遇，鹿死谁手看的是本领。光荣和权力，是每个热血沸腾的人都向往的东西。

那么，如何才能获得这头鹿呢？其实道理挺简单，一个想得到宝贝的人，如果想让大家都不来和他争，根本的办法是让人们都相信只有他最配得上这个宝贝；同样，一旦拥有了宝贝，要避免别人来抢，根本的办法还是继续让大家都觉得只有他最有资格拥有这个宝贝。在《吕氏春秋》中把这种方法称为"先己"。

伟大的事业应该如何成就？古人给我们的答案就是加强自我修养。

第三章 一路上追的原来是自己

取天下从自己开始

夏的最后一个帝王桀荒淫无道,导致诸侯背叛,民怨沸腾。桀失道的同时,作为臣下的汤则在修德。桀感到了汤的威胁,把汤召来,想把他囚禁在夏台,汤规规矩矩地来了,接受了囚禁。不久,桀消除了怀疑,又把他释放了。

汤是一个有心计的人。从桀的暴行中,他看到了成功的机会。他身边有一个传奇式的智囊人物伊尹。伊尹有一手很好的厨艺,为了接近汤,他做了有莘氏之女的陪嫁媵臣,然后用美味佳肴来博取汤的好感,从而获得了跟汤谈论国是的机会,后来成为汤的主要助手。

在酝酿起兵夺取天下的过程中,汤很坦诚地跟伊尹探讨说:"我想取得天下,你看怎么样?"伊尹回答说:"您想取得天下的话,天下一定没办法得到。"汤的脸上露出了吃惊的表情。伊尹接着说:"要想取得天下,首先要做的是从自身开始,加强修养,传播德行。"

于是,汤把修德作为主要的征服手段。

谈古论今

《史记》记载了这样一则故事。有一次汤外出,看到野外有猎人在张网捕猎,四面都张设了网,汤听到张网的人祈祷说:"天下四方所有的猎物都进我的网里来吧。"汤说:"这样一来就把猎物都捕光了!"于是让人去掉了网的三面,并且祈祷说:"愿意往左的就去左边,愿意往右的就去右边。注定要被捉住的,就直接进我的网里来。"诸侯听说了这件事情,都叹服说:"汤的道德修养太高了,连禽兽都能考虑到。"于是诸侯纷纷前来归顺。

鲁哀公曾经问孔子：有人说，管理国家的人完全可以在屋子里就把任务完成了，这种说法是不是有点离谱啊？孔子说：这种说法是有道理的。管理国家要树立个人威信，做大事要从自身做起。得之于身者得之人，失之于身者失之人；胜人者必先自胜，知人者必先自知。天下大事都是从自我管理开始的。

> 得之于身者得之人，失之于身者失之人；胜人者必先自胜，知人者必先自知。

取天下要从自身做起，注重德的修养，这个观点可以说是中国式领导理论中最为重要的观点之一。

儒家尤其强调这一点，孔子说："为政以德，譬如北辰，居其所，众星共之。"一个管理者要靠自身的道德修养来保持自己的管理地位，有德的人就像天上的北斗星一样，只要在那个位置上，满天的星斗自然就会围着他转。也就是说，有了德才能有位有权，没有德的人不会有人去拥护和服从。

这个"德"是一种价值观体系。历朝历代的统治者对这个体系又都进行了（或者说努力进行了）一些调整，使之尽量符合自己的利益，为政权的稳定服务。比如"君君臣臣父父子子"的忠孝思想就是所有统治者都很喜欢的。

不过争论也时有发生。汉景帝时就有过一段很有趣的关于忠的争论。

谈 古 论 今

《汉书·儒林传》记载，博士辕固在景帝面前与黄生展开辩论。黄生说："汤、武不算是受命于天，他们都是杀了自己的君主才当上君主的。"辕固说："不对，桀、纣实行暴政，天下人的心都归向汤王和武王，他们是按照天下人的心愿诛杀的桀、纣，桀、纣的百姓不替桀、纣办事而归顺了汤、武。汤王和武王应该算是顺应形势不得已而自立的。这不是受命于天又算是什么呢?"

黄生使用了类比论证法,他说:"帽子破了也要戴在头上,鞋再新也要穿在脚上。这叫什么?这叫上下有别!桀、纣虽然失道,但是依然是君;汤、武虽然有圣德,但依然是臣。天子有过错,做臣子的不去提建议帮助天子改正,反而依据这些过失去杀死天子,自己成为新的天子。这不是杀人夺权是什么?"

辕固也使出了杀手锏,他单刀直入问黄生:"照你这么说,那么我们汉朝皇帝刘邦代替秦继承天子之位,这也算是有问题吗?"

一句话说到了点子上。在一旁的景帝忙出来插话说:"吃马肉不吃马肝,不算是不知道滋味。讨论学术不谈论汤王、武王的问题,不能算愚钝。讨论暂时就到这里吧。"

统治阶级在忠的问题上是陷于两难的。为了加强自己政权的合法性,必须要强调开国的皇帝起兵造反是受命于天,同时为了保持政权的稳定,又要强调君臣上下名分,下级不能犯上造反。一件事情,如何能既肯定又否定呢?也只好学汉景帝那样,说说马肉与马肝,和个稀泥,凑合过去了事。

领导者缺什么

中国有一句老话,打铁还要自身硬。一个领导者需要具备六项基本素质:

1. 行业和企业知识

这些知识大致分成两类：一类是市场、竞争、产品、技术等方面的知识；另一类是人文方面的知识，主要包括领导及成功原因、公司文化渊源、历史和制度。

每个企业都会有自己的文化背景和发展路径，历史不会重复某个事实，但是历史会反复重复某个规律。规律造就了一个人的成功，那么规律也会造就第二个人的成功，如果你从第一个人身上找到了规律，就可以走一条顺利的路。而一个企业当中最符合规律、调动资源最合适、路径最好的那个人往往就是领导者，所以了解主要领导者的成功背景，有助于加深对一个企业的认识和寻找自己前进的道路。

2. 广泛而稳定的人脉

人脉很关键，如果没有诸葛亮和关张赵马黄，刘备想法再好、志向再大，也不可能成就大业。有好主意还要有一个好圈子，这个圈子的朋友要能够互补，有一定的交流。而且要记得，朋友不是一刀切的，朋友是分层、分类的，有些人是工作关系，有些人是既有工作关系也有感情关系，有些人就是纯粹的感情关系。

> 领导者六素质：行业和企业知识、人脉、信誉和工作记录、思维能力、价值观、成就动机。

你经常要想一想：这一年以来对你帮助最大的几个人是谁？你认为最需要你帮助的几个人是谁？新认识的人当中你认为最重要的几个人是谁？如果这些名字能超过七个，说明你的人际关系不错；如果低于七个，说明还有余地，要继续努力。

人的本质是社会关系，社会关系可以增加个人的能量。管理者在成长过程中跨越自己资源和能力界限的基本方法，就是依靠良好的社会关系。一个人一般会有一个容量为二百五十人的人脉圈子，其中约有五十个人对抓机遇能起到关键作用。定向积累人际关系，保持人际关系的高质量和开放性是一个管理者成长的重要内容。

3. 信誉和工作记录

其实职业经理人是一个风险非常大的岗位。不过，他的风险损失不是以货币衡量的。比如，一个职业经理人经营一个企业，把企业搞垮了，企业中的其他人还可以重新就业，但是谁还敢再请这个人去经营企业？对于职业经理人来说，一次失败往往就结束了自己的职业生涯，以后再也没机会了。

所以员工是拿自己的时间和精力在投入，股东是拿自己的资金在投入，而职业经理人是拿自己的整个职业生涯在赌。一旦他失败了，有了不良的信誉和工作记录，他就失去了自己所有的职业机会。这时候就只有转变自己的身份或者转行了。

一般在考虑管理岗位人事安排的时候，不仅要考虑候选人技能的积累，还要考虑其信誉的积累。柳传志先生说：在发展初期要拿着金子当银子卖。这样做首先保证货真价实，让所有得到的人都超出希望、喜出望外，其次就是职业生涯初期获得了足够的信任和声誉。

> 员工是拿自己的时间和精力在投入，股东是拿自己的资金在投入，而职业经理人是拿自己的整个职业生涯在赌。

事业刚起步时，最缺的就是舞台，拿着金子卖金价，别人不会给你舞台的。舞台的价值比收入的价值更大，只要有机会上场表演，以后凭实力就会有很多的人来请，那时候金子能卖钻石的价格。因此在起步阶段，为了获得宝贵的舞台，必须要拿金子卖银子的价，为积累信誉和工作记录，为未来的事业打基础。

4. 战略眼光和敏捷的思维

管理者必须思维敏捷，善于分析判断，有全局观，能进行战略考虑。管理者的技能包括三个部分：专业技能、社会技能、概念技能。基层管理者和高层管理者的技能可以用两个三角形表示，基层管理者的三角形尖朝上，高层管理者的尖朝下。基层管理需要最多的是专业技能，不需要太多的概念技能，但要有一定的社会技能，也就是跟人打交道的技能。高层管理者正好相反，不一定要懂专业技能，但是要特别善于用概念技能去规划战略，还要会跟人打交道。

因此，不管是高层管理者还是基层管理者，有一个共同点，就是必须掌握社会技能。社会技能就是跟人打交道的技能，如果没有这个技能，肯定做不好管理。如果一个人经常感觉跟某领导说话特别累，说半天领导才能明白他的意思，我们称之为"移情能力太差"，不能准确地了解别人的感受。总之，社会技能对于管理者很重要，管理者的职业生涯会受到它的巨大影响。

不会把话筒和提问权交给别人的人，其社会技能是有问题的。测量一个人的社会技能高不高，办法很简单，一群人说话的时候，如果自始至终都是他一个人在说，别人只有听的份，那么他的社会技能就不高。说话的过程基本上应该"四六开"，40%是自己说，60%是在倾听。双方沟通的时候，可以注意一下是谁在提问、谁在回答。总是回答的那个人处于被动地位，而提问的人处于主动地位。如果在整个沟通中都是处于主动地

> 不会把话筒和提问权交给别人的人，其社会技能是有问题的。

位,那么社会技能就有问题了,因为太以自我为中心,只考虑自己。

其实,沟通就是话题和谈话主动权的交互,就像打乒乓球,球打过来再打回去,你来我往才是有效的沟通。在这方面,戴尔·卡耐基先生写的《人性的弱点》《人性的优点》具有全球的影响力,建议有机会读一下。

5. 个人价值观

个人价值观包括正确的价值观、清晰的行为准则和公正评价的能力。价值观是一个人的导向,也是一个企业的导向。价值观上的错误是致命的,但是需要区别对待价值观本身与价值观行为。价值观转化成行为的过程中,会受到个性因素和环境因素的影响。正确的价值观不一定带来正确的行为,一个重要的因素就是当事人自己的个性存在缺点和不足。

对待自己的缺点有两条路:第一,把它改了;第二,如果改正不了,找一条弥补之路。有一个领导,很聪明,有创造性,专业技术很好,有发明有专利,但是做事业一直不成功。为什么不成功呢?因为跟别人合作的时候总是合不来,结果建团队建不起来,找投资,本来有几次好机会,都因为他脾气不好黄掉了。这个人的脾气能改吗?

一般来说,一个人的性格是在幼年和童年时代就形成的,在这个时期性格是很容易改变的,但是过了这个时期改起来就非常难了,尤其是想让一个中年人改变自己的性格实在是太难了。如果这时候发现性格上有不可克服的缺点,很难改,那么就找一个搭档或者找有互补性的朋友,通过这种互补和稳定搭档的配合,可以弥补自身的不足。"集体领导"是一个好方法,集体就意味着大家互补,不

> 沟通就是话题和谈话主动权的交互,就像打乒乓球,球打过来再打回去,你来我往才是有效的沟通。

失为一个低成本、高效率的好方法。

6. 进取和自信基础上的成就动机

个性可以分两个方面：一是个性心理，二是个性倾向。

个性心理中最重要的一条是性格和蔼。偶尔严厉一下可以，但首先要和蔼，整天虎着脸、见人就骂，绝不是好领导。

第二条是乐观。乐观是一个意味深长的话题。人类经历了无数次战争，在战俘营里什么样的人容易死呢？盲目乐观的人容易死。因为这些人觉得自己虽然进了战俘营，但一两年之后就能被救出去。等一两年之后，如果还没有看到被营救出去的希望，他们就会意志消磨、情绪失控，越来越绝望，动力下降，以至于意志崩溃，身体也会很快垮掉，离死就不远了。

真正能活下来的人，是坚信未来但又对眼前的困境有充分准备的人。这样的人进入战俘营以后就做好了思想准备，相信至少要五年才能有机会获救。对每一天的生活他都有一个最坏的打算，但是坚信自己一定会成功获救。这就是所谓的"现实主义的乐观"——相信自己一定能实现目标，但是也相信这条路足够曲折和漫长。只有这样的人才能在困境中活下来，不相信能达到目标的人活不下来，相信很快能达到目标的人也活不下来。

> 真正能活下来的，是坚信未来但又对眼前的困境有充分准备的人。坚定的乐观可以帮助一个人成功，也可以帮助一个民族走出困境和灾难。

中国人民是怎样打败日本帝国主义的？靠的是"持久战"。毛泽东在《论持久战》中讲到，抗日战争爆发以来国人存在两种倾向——速胜论和亡国论，前者相信很快可以实现目标，后者看不到胜利的希望，这两种想法都是错误的，都没有好结果。只有持久战才是出路。坚定的乐观可以帮助一个人成功，也可以帮助一个民族走出困境和灾难。

有的人成功了，获得了伟大成就；有的人在追求的道路上一败涂地；有的人碌碌无为，一生什么也没有做出。这些人之间到底存在什么样的差距呢？科学家们，特别是心理学家们在不断地探索。

研究者们发现成就与智力有一定的关系，但并不是完全成正比的。年少时智力超常并不能保证成年时的才华出众，有成就的人并不都是那些老师和家长认为十分聪明的人。研究者对被调查者中成就最大的20%和最小的20%的人进行比较，发现这两组人的主要差别并不在于智力的高低，而在于个性品质的不同，成就大的一组表现出更强的进取心、自信心和坚忍不拔的毅力。

这表明了非智力因素与一个人的成长有着非常密切的关系，进取、自信和不屈不挠等非智力因素确实能够造就真正的成功。

除了坚定、乐观和自信以外，情绪稳定也是一个重要的品质。情绪稳定是说能够很好地控制自己，不出现剧烈的情绪波动，情绪的迁移也都在可控范围内。

孔子很推崇颜回，并且认为自己在某些方面不如他。有人问孔子：您学问好，名气又大，颜回不过就是一个穷小子，没财富没地位，穷得每天只能喝粥，他有什么优点呢？孔子说：颜回最大的特点有两条，第一条叫"不迁怒"，第二条叫"不二过"。

什么叫"不迁怒"呢？比如说今天老板骂了你一顿，骂完了，你正在那儿生气呢，你妈给你打电话："儿子啊，今天晚上想吃什么？"你立刻在电话里就怒了："吃吃吃，一天到晚就知道吃！"其实你妈也没有招惹你也没有得罪你啊，只是领导骂了你，你正生气呢，所以就把怒火转移到了她老人家身上，这就叫迁怒。再比如，你在路上碰见一个客户，客户说了你几句，你还得给人家赔笑脸，可是心里十分窝火，客户走了你去上厕所，厕所的门关着，你飞起一脚就把它踢开了，这也叫迁怒。

所以迁怒其实是在用一个不相关的错误去惩罚不相关的人。愤怒是用别人的错误惩罚自己，迁怒就是惩罚完自己再接着去惩罚无辜的人。一个人能做到不迁怒，情绪很稳定，不把情绪转移到别的人或者事情上去，这是非常难能可贵的。

什么叫"不二过"呢？就是同样的错误不犯第二回。人都会犯错误，关键看犯了错误以后怎么办。如果能吸取教训保证同样的错误不犯第二次，并且依然保持良好的心态继续前进，就非常出色了。

人难免会遇到一些不开心的事情，难免会犯一些错误。事情发生了，问题出现了，一般人会任其发展、逃避、否认、发脾气……出色的人怎么做？很快把心情调整过来，面对问题，查找原因，纠正错误，而且不会拿自己的不良情绪去影响别人，特别是不会因为自己心情不好就对自己亲近的人发火，这就叫情绪稳定。凡是成功的人，在这方面都做得很出色。领导者身上最与众不同之处在哪儿呢？领导者最与众不同的地方是具备很强的驱动力和成就导向。换句话说，就是具有强烈地想当领导的愿望，并能从奋斗的过程中获得满足。

> 愤怒是用别人的错误惩罚自己，迁怒就是惩罚完自己再接着去惩罚无辜的人。

驱动力确实很关键。美国前总统尼克松在其著作《领导者》一书中提到，没有伟大的人物就没有伟大的事件，而伟大的人物之所以成为伟大的人物，就是因为从一开始就强烈地希望自己那样去做。

在驱动力方面，人们常常会陷入一个误区。这里用一个案例来说明。

谈 古 论 今

在一场比赛之前，A队和B队的教练员都在跟队员做最后的交代。

第三章 一路上追的原来是自己

A队教练说：刚刚和你家里人打过电话，你老妈说了，全村的人都在电视前为你加油呢。你要是拿了冠军，村里要舞龙灯，全家要为你开一个庆功会，你奶奶要亲手给你做小时候最爱吃的馅饼。你一定要努力表现，他们都在看着你！

B队教练对自己的队员说：你一定要为国争光，这个比赛拿下金牌，你就可以改写历史。全国人民都期待着你胜利的消息，上吧！

A队教练和B队教练的两段话，哪一段更有驱动力呢？我们倾向于第一段话。因为它更具体、更真切，它指向了被激励者头脑中已经存在的确切的人和事，而且跟他的生活息息相关。这种激励对人的驱动力更强。

B教练的话包含更远大的目标。但是，远大目标一般是指向未来的，比较抽象，不够具体。远大的目标只能是方向盘，不是发动机，因此无法提供更多的驱动力。我们的管理过程中，经常有一个问题就是错把方向盘当成发动机。谁见过只有方向盘没有发动机就能前进的汽车？发动机是什么？就是每个人现实的需求，是我们的社会关系、兴趣偏好以及我们亲人的生活。

> 管理过程中，经常有一个问题就是错把方向盘当成发动机。

有人说，工作是为了养活老婆孩子，你是否觉得这理想太低俗了？其实没关系，这不是理想，这是驱动力。理想是方向盘，驱动力是发动机。一个合格的领导在指导、激励下属的过程中，要在找到方向盘的同时，找到一个现实的、可靠的、立竿见影的发动机。

有的时候甚至一个庸俗的驱动力足以帮助一个人成功，关键在于怎么引导。不要给驱动力定性贴标签，要引导驱动力，有了正确的方向盘，发动机才能更好地发挥作用。

成功与成就导向密切相关。做事业必须要有很强的成就感，有很强的雄心，从工作本身找到快乐和满足。对做的事情越是喜欢，成功的可能性就越大；越是不喜欢，成功的可能性就越小。人做不喜欢的事情做得太久了，热情就会消磨光，就会对做的事情失望、对自己失望、对生活失望。这是很可怕的事情。

成就感让平凡的事情光荣，让平凡的日子闪耀，给平凡的人插上翅膀。每个人都应该做一些让自己有成就感的事情，不是看别人怎么想怎么说，而是看是否真的适合自己。鞋子是否舒服，只有脚知道。幸福是什么？幸福就像一块臭豆腐，别人闻着臭，自己吃着香！总之，在自己的人生道路上，要选择适合自己的东西，选择自己喜欢的东西。

领导算卦

在周武王那个时代，凡遇大事，先要进行占卜以预测吉凶。据《史记·齐太公世家》记载："居二年，纣杀王子比干，囚箕子。武王将伐纣，卜，龟兆不吉，风雨暴至。群公尽惧，唯太公强之劝武王，武王于是遂行。十一年正月甲子，誓于牧野，伐商纣。纣师败绩。"王充在自己的《论衡》里也描述了这个情节。武王将要攻伐商纣王，让史官占卜此事，结果"数逆"，于是操作占卜的史官说"大凶"。太公一听，便推掉蓍草，踏碎龟甲，然后说："死骨枯草怎么知道是大凶呢？"

■■■■■■谈 古 论 今

伐纣并非易事，周在经过长时间的准备之后，终于看到了灭商的希望。周武王继承其父文王遗志，在姜太公辅佐下，兴兵讨暴。

出师之前，请国师占卜，谁知竟是"大凶"，众将顿时脸面失色。关键时刻，姜太公推翻了占卜的结论，号令出兵。

谁知刚出国门，一阵大风就把军旗的旗杆吹折了。预兆不祥，众将惴惴不安，纷纷劝武王收兵。可是武王却说："这叫'天落兵'，上天降兵助周人，乃大吉之兆！"

部队继续行进，没一会，又下起了大雨。时值严冬，士兵们冻得瑟瑟发抖。见此情景，周武王对全军将士说："上天恩宠，赐予霖露，这是'天洗兵'。"

好不容易到达指定位置，武王命国师再次占卜，本欲卜得好卦以定军心，孰料连烧烤龟甲的"神火"都被风吹灭了。武王不等下属反应，当下就说："这是上天旨意，火灭预示商朝必灭，征兆明显，不必再卜，拿好武器，准备战斗！"

作为增加信心的手段，占卜经常被运用在古代战争当中。如何运用却是一种技巧，一旦占卜结果不符合领导者本心，那么领导者完全有可能放弃占卜的结果或者代之以新的解释。占卜的核心是一个信念的问题。如果信念坚定，就可以灵活运用占卜结果来说服和引导众人。这一点周武王做得很好。有信念的人用占卜作为鼓舞人心的工具，没信念的人用占卜作为预测未来的救命稻草。试想，如果周武王也像众将一样相信占卜的结果，脸色大变，放弃进攻的计划，那么历史真的就要改写了。

伟大的人物之所以伟大，就在于关键时刻坚信未来，坚信自己的力量。

> 有信念的人用占卜作为鼓舞人心的工具，没信念的人用占卜作为预测未来的救命稻草。

自然界和人类社会都存在很多未知因素，一个人做事情很难说能有100%

的把握，80%就算很不错了。面对不可预料的未来，人类感觉到了自身的渺小、命运的无常，于是对自己生活的世界就有了一种敬畏感和无力感。在这种情绪的作用下，很多人就忍不住也像周武王那样去占卜一下。

用占卜来说服别人，是一种领导艺术；用占卜来给自己找主心骨，恐怕就是信念危机了。《水浒传》里就记载了一个典型案例——"卢俊义算卦"，里面写到"智多星"吴用为赚卢员外上山，化装成一个算卦先生，到河北大名府去引诱卢俊义。吴用给卢俊义占卜时，双方有一段很经典的对话。

谈古论今

卢俊义说："先生，君子问灾不问福；不必道在下豪富，只求推算目下行藏。在下今年三十二岁。甲子年，乙丑月，丙寅日，丁卯时。"吴用取出一把铁算子来，搭了一回，拿起算子一拍，大叫一声："怪哉！"卢俊义失惊问道："贱造主何吉凶？"吴用道："员外必当见怪。岂可直言！"卢俊义道："正要先生与迷人指路，但说不妨。"吴用道："员外这命，目下不出百日之内必有血光之灾；家私不能保守，死于刀剑之下。"卢俊义笑道："先生差矣。卢某生于北京，长在豪富；祖宗无犯法之男，亲族无再婚之女；更兼俊义做事谨慎，非理不为，非财不取，如何能有血光之灾？"

吴用改容变色，急取原银付还，起身便走，嗟叹而言："天下原来都要阿谀谄佞！罢！罢！分明指与平川路，却把忠言当恶言。小生告退。"卢俊义道："先生息怒！卢某偶然戏言，愿得终听指教。"吴用道："从来直言，原不易信。"卢俊义道："卢某专听，愿勿隐匿。"吴用道："员外贵造，一切都行好运；独今年时犯岁星，正交恶限；恰在百日之内，要见身首异处。此乃生来分定，不可逃也。"

卢俊义道："可以回避否？"吴用再把铁算子搭了一回，沉吟自语，道："只除非去东南方巽地一千里之外，可以免此大难；虽有些惊恐，却不伤大体。"卢俊义道："若是免得此难，当以厚报。"

卢俊义不知不觉就中了吴用的招，后来果然不顾周围人劝告一定要去东南方的山东，路过梁山的时候又被设计好的圈套算计，最终走上了一条倾家荡产、差点丧命的不归路。

这里我们分析一下卢俊义算卦的动机。这位河北首富、大宋财富500强排行榜的上榜富翁，他日子过得好好的，怎么就这么轻易地被几句卦辞给骗了呢？其中有一个重要的原因，就是卢俊义自己的信念系统出了问题，他是为了给自己找主心骨而算卦，必然中招。

> 用占卜来说服别人，是一种领导艺术；用占卜来给自己找主心骨，恐怕就是信念危机了。

在现实生活中，我们也可以发现一些企业家老板会很虔诚地信赖占卜。其实这都是个人信念支持不足、寻求外部支持的表现。这种行为往往为一些错误决策埋下祸根。研究表明，"相信"是一种力量，这种力量恰恰是管理者激励自己和鼓舞别人所必需的。

谈 古 论 今

哈佛教授罗森塔尔曾做过一个实验：罗森塔尔带着足够证明自己权威性的证件文书来到一个学校，对一个班的教师说："我是专门研究人才的专家，我可以用一个模型来测出你们班哪几个学生是最有潜力的人才。"

在得到老师的信赖和授权后，罗森塔尔随机选了一定比例的学生，然后告诉老师说，这些学生具备非常优秀的潜质，是最有前途的学生。一年之后,罗森塔尔又到学校回访,结果被选中的学生在一年之内进步确实更快。后来,这种现象被称作"预言的自我实现效应",也称"罗森塔尔效应"。

是什么力量让他们进步这么快呢?正是罗森塔尔之前对他们所做的预言。罗森塔尔分析说,真正起作用的是老师对学生的期望。一开始老师对这几个学生没有高期望,罗森塔尔改变了老师的心态,所有的老师都认为这几个学生是好学生。这种期望无形中会引导学生的行为,最后这些学生真的就变成好学生了。

这就是"相信"的力量,这种力量可以改变别人,也可以改变自己。如果相信好的,那么好的就很可能发生;如果相信坏的,那么坏的就很可能发生。

在现实生活中,落后的学生、差生是怎么造成的?很多都是老师给贴标签造成的。老师说"这孩子数学不好""这孩子有多动症"……孩子受到这些暗示之后,被认为数学不好的孩子数学会越学越差,被认为淘气的孩子会越来越淘气。

所以,在早期教育中,在幼儿园、小学阶段,老师和家长要特别注意的一件事情:永远不要轻易地给孩子贴标签,说他哪方面不好。你要说他"有待改进""有待提高"还可以,但不要说他不行。从"罗森塔尔效应"中可以看到,当我们把天才的标签贴到孩子身上时,孩子自己就会有天才一般的成长。这种良性的信念引导在管理过程中可以发挥巨大作用。

我们中国的家长一般是怎样教育孩子的呢?不但没有高期望,而且往往是零期望、负期望。

谈古论今

夏天的雨后清晨，一个妈妈送孩子去幼儿园。路上有一个水坑，孩子很淘气，穿着新鞋子，一脚就踩进水坑里了，紧接着又把另一只脚也踩进水坑里，在水坑里一边踩一边乐。孩子为什么这么做？淘气的孩子都聪明。人类的本质就是探索未知，孩子正是用自己的脚在探索：脚踩水是什么感觉？水坑是怎么形成的？水坑下的机制是什么样的？实际上这是科学探索的基础，说明孩子是聪明的，是有天才基础的。

那么面对孩子的探索行为，妈妈是怎么说的呢？妈妈回头一看，二话不说，虎着脸走过去，一把将孩子从水坑里拽了出来，指着孩子就骂："穿新鞋踩水，你脑子有病啊？"孩子兴奋的眼睛一下暗淡下来。从此以后，这个孩子每次想探索世界的时候，他就感觉自己有病，他就不会再探索世界了。就这样，负期望杀死了一个小天才的探索精神和创造力。

一个领导者，在对待自己的下属，特别是不成熟的下属时，特别容易输出低期望而忘记输出高期望。如果有可能的话，领导者要尽量对下属输出高期望。

（1）**积极的批评**。对他人的正确行为要及时给予肯定，对他人的未来永远充满信心，对他人的缺点采取积极的批评。什么叫积极的批评？比如一个孩子很笨。能说他笨吗？永远不要说，而要说"你还不够聪明"。一个孩子很懒，我们不说他懒，而说"你还不够勤奋"。这叫"正面批评"，这种词汇会对孩子有正面的引导作用。

（2）**引入美好的心灵图景**。有一个很简单的实验可以说明这个问题。

谈 古 论 今

A、B两组开展保龄球对抗赛，每组十个选手，水平也差不多。对抗赛之前给A、B两组每人录一个试打保龄球的镜头，但对A组只录每人打了全中的镜头，并让安排好的拉拉队为他们欢呼。对B组只录每人打得很差的镜头，而且每人录镜头时，示意拉拉队喝倒彩。

在正式比赛之前，让A组每个人欣赏自己全中被欢呼的镜头，让B组每个人欣赏自己打不中被喝倒彩的镜头。

后来进入赛场时，A组趾高气扬，两眼闪光；B组垂头丧气，脚步迟疑。结果两组上场比赛，比了三场都是A组比B组表现好。

是什么力量让A组表现好？是成功的图景。这种心灵图景也是一种暗示的力量。在对自己及下属的管理过程中，要学会去积累这种良性的激励图景。成功故事、成就、领奖的照片、奖品、激动的场面、现场的反馈、别人对你的鼓励……这些东西都要尽量保留下来，在重要的比赛、重大的事情之前，把它们展示一下，这样可以极大地鼓舞士气。

> 积极的批评、引入美好的心灵图景、找到对自己有积极期望的人、保持坚定的信念。

（3）找到对自己有积极期望的人。要学会找到对你有积极期望的人，这个人是对你的未来特有信心、对你的水平和实力非常认同的人，可以在重大的事情面前让他来引导你。有的人说"我找不到这样的人"，没关系，这样的人肯定是存在的，而且性别不限、年龄不限、文化水平也不限。人一旦受了良性诱导，内在的潜力就会受到激发。

（4）保持坚定的信念。人在压力和危机面前，最先受到挑战的就是自己的信念系统。如果信念系统崩溃，那么整个人就会垮掉。如果保持坚定的信念，那么即使再苦、再难，也能够勇敢地闯过去。

谈 古 论 今

南宋末年文天祥兵败被俘后，元朝统治者费尽心机劝降，均告失败，于是重枷大镣，把文天祥囚禁起来，企图通过肉体折磨使他屈服，一关就是四年。

文天祥这样描述自己所处的牢房："酷罚毒我肤，深忧烦我襟……或时日杲杲，或时雨淋淋。方如坐蒸甑，又似立烘煤。水火交相禅，益热与益深……"但这种肌肤之痛，文天祥等闲视之，丝毫没有动摇报国的坚强意志，而且还写出了不朽诗篇《正气歌》。浩然正气和坚定的信念产生了巨大的力量，抵挡住了肉体的折磨。

那么，如何构建和保持个人信念体系呢？主要的方法包括：

- 反复暗示，经常回想自己的出色表现；
- 找到崇拜者，接受他们的鼓舞；
- 在平凡琐碎的背后找到更远大的意义；
- 找一个榜样，像榜样那样生活；
- 给自己立规矩，从小事开始磨炼自己的意志。

管住自己

有边界才能有自由，没有边界的自由就是放纵，放纵最终会导致失去自我。领导者拥有了比较大的权力后，更要很好地进行自我管理和自我控制，

> 有边界才能有自由，没有边界的自由就是放纵，放纵最终会导致失去自我。

如果依仗手中的权力为所欲为，就会给组织和个人带来灾难。

领导者面临的一个很重要的挑战就是，一定要管理好自己的喜好，也就是说，要做到不因为个人好恶而影响公正。

谈古论今

管仲去世前夕，齐桓公来探病，和他探讨接班人的问题。齐桓公问管仲，鲍叔牙是否可以代替管仲做相国。鲍叔牙是管仲的伯乐，他曾数次给予管仲帮助，并极力向齐桓公推荐，才使管仲走上了事业的辉煌之路。

这次，当齐桓公就鲍叔牙的职务安排征求管仲意见时，管仲不但没有提出支持意见，而且还斩钉截铁地告诉齐桓公，鲍叔牙这个人不能当相国。当时，齐桓公很惊讶，他问管仲，鲍叔牙那么努力推荐你、帮助你，怎么这个时候你反而不帮助他呢？

管仲说出了自己的意见，核心意思是：鲍叔牙的优点是清正廉洁、疾恶如仇，但这也是他作为相国的缺点。天下大事，用君子，也要用小人，只要用好每个人的优点，抑制其缺点就可以了。但是以鲍叔牙的性格，他要是当了相国，肯定无法容忍某些人，于是就会对干部队伍来个大清洗，这样既不利于团结，又会把本来比较合理的人员结构破坏掉，甚至让团队彻底分崩离析。

从这个角度来说，管仲是一个很令人钦佩的人。他对鲍叔牙也感激、也欣赏、也尊敬，但是这些丝毫没有影响他公正客观地去评价鲍叔牙。这一点是非常难能可贵的。这是真正的"站在头脑之上"。

而齐桓公自己在这方面就栽了大跟头。易牙把自己的亲生儿子杀了给齐桓公换口味，改善伙食；开方不顾自己家人死活，一心陪齐桓公开心；竖刁痛下狠手，自宫入宫亲近齐桓公。齐桓公对这三个人宠信有加，但是管仲认为这三个人都做了违背世道常理、人之常情的事，对孩子、对父母、对自己都不在乎的人，更不可能在乎别人，任用他们是会有祸端的。但是齐桓公被自己的喜好蒙住了眼睛，根本没想那么多，结果后来这三个人专权，五个儿子各自结党，春秋五霸之首的齐桓公，死了之后都无人收尸。

懂得自我约束的价值，是一个领导者成熟的标志。贞观年间，唐太宗李世民任用贤才、虚心纳谏，终于天下大治。我们可以从一个很小的细节上看出他的水平。在和大臣讨论问题的时候，不管心情如何，李世民总是尽量保持和颜悦色的神态，为的是让大臣们可以没有心理负担地提建议和意见，这样的良苦用心充分显示了一个领导者的成熟和睿智。

> 生活上知足常乐，事业上精益求精。做不到前者导致贪得无厌，做不到后者导致一事无成。

《史记》记载了鲁相公仪休的一个故事。

谈古论今

> 公仪休很喜欢吃鱼，有人送鱼给他，他坚持不受。送礼的人说："知道您喜欢吃鱼所以才送给您的，您为什么不收呢？"公仪休说："正是因为我喜欢吃鱼，所以我才不能要。我现在当大官，自己就可以满足吃鱼的需求。如果我接受别人送的鱼，因为受贿而被免职，那以后谁还能再给我供应鱼呢？"

饥饿的时候吃什么都会感觉很香，口渴的时候喝什么都会感觉很甜。不是因为吃到喝到的东西真的那么香甜，而是因为需求强烈的缘故。同样，贪心的时候，没办法辨别善恶好坏，不是因为没有理智，也不是因为事情本身没有善恶，而是因为欲望一旦成为主导，就没办法辨别善恶好坏了。欲望强烈，辨别力就会扭曲。所以，不会控制自己欲望的人，即使再有理性、再有智慧，也会在小利上栽跟头。

廉能养心，静能生智。知足是抑制贪心的好途径。知足可以使自己的心态处于平和的状态，平和了智慧才能活跃。所以，知足者有智。

临事有静气

康熙皇帝把自己的管理心得写在了《庭训》里，作为儿子们必读的课本，以此来培养接班人。在他的《庭训》中，有这样一段记载。

谈 古 论 今

三藩之乱的时候，清军主力和吴三桂的部队决战，半个月了还没有前方的消息。北京城里人心惶惶。

在这种情况下，一向勤政的康熙居然一反常态，把公务扔在一边，带着身边的人跑到景山上去玩了。有人提建议说，如今形势危急，军国大事那么多，皇上您怎么能这么荒疏政事呢？

康熙借这件事情告诫自己的儿子们：做大事要有静气。当时的局势确实很危险。北京城里，忠诚的人都没了主心骨，心怀叵测的人跃跃欲试，这个时候大家都在看皇帝。结果皇帝根本就不着急害怕，还有心情娱乐呢！于是忠诚拥护的人就心里有底了，想作乱的人也不敢轻举妄动了。相反，这个时候如果执掌全局的人也和大家一样惊惶失措，那后果就真的不堪设想了。

因此，领导者一定要做到"以有事之心处无事，以无事之心处有事；以做大事之心做小事，以做小事之心做大事"。

管理的过程首先是一个影响的过程，无论做多么细小琐碎的事情，领导者做事的方式和态度对工作都是至关重要的。领导可以大笔一挥，随便写几个字，然后轻描淡写地说，无所谓，都是走过场而已。这么一说不要紧，下属们看领导是在应付，于是自己也就开始应付。领导应付一件无所谓的小事情，下属一传十、十传百，就会有很多下属很多次去应付十分重要的工作。这是多么可怕的事情！所以领导轻易不做事，如果做事，哪怕是很小的一件事，也一定要做得精致、做得投入、做得执着。

同时，还要能以做小事之心做大事。事情再大，也不能皱眉头，不能慌张心虚，这叫"举重若轻"。面对挑战，如果领导首先就痛苦绝望没了信心，那么下属肯定就没主心骨了，事情一开始就注定会失败。所以，无论事情有多艰难，也无论领导心里有多么焦虑，表面上一定要镇定自若、谈笑风生。只有这样下属才会有信心，工作才能顺利进行。

所有的领导者都应该牢记一个规律，领导首先是一种影响，而这种影响又首先来自领导者的个人形象。静气是一种形象，是一种影响力。静气就是做下属的胆和眼，大家都慌的时候，领导者不能慌；大家都看不清未来的时候，领导者自己要能看到未来，把信心和希望带给每个人。这是对一个领导者的基本要求。

> 以有事之心处无事，以无事之心处有事；以做大事之心做小事，以做小事之心做大事。

谈古论今

《三国演义》中诸葛亮设空城计的时候,有一个基本的道具就是琴。坐在城头,四门大开,神闲气定地在那儿弹琴。通过弹琴向下属传达了信心,也向气势汹汹的司马懿传达了一个信息——我有准备。

东晋谢安在抗击前秦、指挥淝水之战的时候,前方两军恶战,敌军有百万之众,力量悬殊、形势险恶,谢安却在指挥所里不慌不忙地下围棋。等到前线的消息传来了,他接过军报,很随意地看了一眼,然后又继续下棋。旁边的人实在忍不住了,上前问他部队在前线打得怎么样了,他才轻描淡写地说:"小儿辈已破敌。"这样的镇定很让人钦佩。

不过,下完棋之后的一个细节还是让看似镇定的谢安露出了破绽,他在出门的时候,因为心里太喜悦,脚上的木屐经过门槛的时候,把鞋跟卡掉了,他自己都浑然不觉。从这里我们可以看到,谢安的内心世界也并非铁板一块,他虽然平静地坐在那里,但是内心还是有反应的。

执掌全局的人不是神仙,自己也有喜怒哀乐惊恐忧伤。关键就在于,在紧要关头,领导者必须能够做自己情绪的主人,主动地去控制自己的情绪,表现出应有的形象。

琴和棋是中国领导者们修养静气和展示静气的常用工具,里边暗藏很深的哲学道理。

比如,曾国藩从办团练兵起一直到去世前,无论公务多繁忙,军情多紧急，基本上每天都要下一两局围棋。宋仁宗也是很喜欢围棋的，而且他给了下属一个很有意思的理由，说下围棋是为了防止自己迷恋后宫女色。其实这话说得很有道理，下棋可以加强修养，也可以转移注意力，确实能起到自我控制的作用。

下棋首先比的是价值观和自信。有了价值观和自信，就能不动如山，善变若水。其实生活中很多时候就是因为没有这样的自信和坚定，才被貌似真理的惯例和常理牵着鼻子走，失去了属于自己的成功机会。

在一开始做大局的时候，并不一定非要一味争先，非要追求卓越，只要能接受就可以了。关键是，要使用一些精细扎实的后续手段来取得优势，扩大战果。很多人习惯于一开始的时候，拼死拼活也要取得所谓决定性的优势局面和优势资源。读本科一定要上清华北大，考研一定要名校名师，找工作一定要世界500强……但是后续手段往往不扎实、不精细，即使暂时取得了优势，也会很快丧失。还有一种人恰恰相反，他们根据局势来前进，并不特别执迷于所谓优势资源，他们看中的是更强大、更精细的后续手段。很多成功者其实一开始平台都很一般，关键是他们扎扎实实，一步一个脚印，坚持不懈地努力，最后取得了成功。

不管别人懂不懂，自己一定要懂自己。别人质疑你的招法，看不懂你的棋路，没关系。关键是你自己要知道，自己为了什么目的，下一步要下在什么位置。不能为了别人的理解和接受而去下棋。一旦最终你赢了，周围的人自然都会接受的。在前进的路上不要太在意别人怎么说，用结果说服别人是最好的手段，过程属于自己。

围棋对管理的启示——

  ·眼睛不能光盯着别人，要多看看自己；

  ·要知道，有舍才有得；

- 战斗是必要的，但是并非每个战斗都是必需的；
- 含而不露、引而不发是积蓄力量的好手段；
- 收兵的技巧比战斗的技巧更难；
- 处于优势的时候要简明，不必挑起新的头绪；
- 该放弃就要放弃，算清楚得失就可以；
- 胜利就是属于你的比属于别人的多；
- 有些东西是定式，要背下来才能应对自如，这样可以使自己不至于一开始的时候就落伍；
- 有些棋是别人输给你的，有些则是你赢别人的，不要太指望前者，那叫侥幸。

其实，战胜自己是一项很艰难的任务。在前进的道路上，一个领导者要不断地克服自己的种种缺点和不足，不断地去修补自己的心灵和意志。之所以做不成大事、达不到远方的目标，并不是事情本身有多难，而是因为自身存在一些缺点，这些缺点阻碍了前进的步伐。"使我们疲惫的不是遥远的路程，而是我们鞋子中小小的沙粒。"

长 话 短 说

本章重点讨论的是领导者的自我修养问题。

管理国家要树立个人威信，做大事要从自身做起。得之于身者得之人，失之于身者失之人；胜人者必先自胜，知人者必先自知。天下大事都是从自我管理开始的。取天下要从自身做起，注重德的修养，这个观点可以说是中国式领导理论中最为重要的观点之一。

第三章
一路上追的原来是自己

领导者需要具备六项基本素质：行业和企业知识、广泛而稳定的人脉、信誉和工作记录、战略眼光和敏捷的思维、个人价值观、进取和自信基础上的成就动机。

领导者最与众不同的地方是具备很强的驱动力和成就导向。换句话说，就是具有强烈地想当领导的愿望，并能从奋斗的过程中获得满足。

伟大的人物之所以伟大，就在于关键时刻坚信未来，坚信自己的力量。"相信"是一种力量，这种力量可以改变别人，也可以改变自己。如果相信好的，那么好的就很可能发生；如果相信坏的，那么坏的就很可能发生。

如何构建和保持个人信念体系呢？主要的方法包括：反复暗示，经常回想自己的出色表现；找到崇拜者，接受他们的鼓舞；在平凡琐碎的背后找到更远大的意义；找一个榜样，像榜样那样生活；给自己立规矩，从小事开始磨炼自己的意志。

有边界才能有自由，没有边界的自由就是放纵，放纵最终会导致失去自我。领导者拥有了比较大的权力后，更要很好地进行自我管理和自我控制，如果依仗手中的权力为所欲为，就会给组织和个人带来灾难。

饥饿的时候吃什么都会感觉很香，口渴的时候喝什么都会感觉很甜。不是因为吃到喝到的东西真的那么香甜，而是因为需求强烈的缘故。同样，贪心的时候，没办法辨别善恶好坏，不是因为没有理智，也不是因为事情本身没有善恶，而是因为欲望一旦成为主导，就没办法辨别善恶好坏了。欲望强烈，辨别力就会扭曲。所以，不会控制自己欲望的人，即使再有理性、再有智慧，也会在小利上栽跟头。

领导者一定要做到"以有事之心处无事，以无事之心处有事；以做大事之心做小事，以做小事之心做大事"。

第四章 "没用的人"有什么用

正确的管理不是用最有本事的人,而是用最合适的人。不一定处处都是能人,不一定事事都用高人。用人有两类错误:高端岗位用了低人,是错误的;低端岗位用了高人,是更大的错误。

第四章
"没用的人"有什么用

事　典：用人如器
时　间：大唐贞观年间
地　点：唐都长安（今陕西西安）
对话者：李世民、封德彝
出　处：《贞观政要》

> 贞观二年，上谓右仆射封德彝曰："致安之本，惟在得人。比来命卿举贤，未尝有所推荐。天下事重，卿宜分朕忧劳，卿既不言，朕将安寄？"对曰："臣愚岂敢不尽情，但今所见未有奇才异能。"上曰："前代明王，使人如器，皆取士于当时，不借才于异代。岂得待梦傅说，逢吕尚，然后为政乎？且何代无贤，但患遗而不知耳！"德彝惭赧而退。
>
> ——《贞观政要》

作为一个爱惜人才的典故，"萧何月下追韩信"得到了广泛的流传。不过，韩信被追回来以后，"董事长"刘邦对这个帅才并没有完全认可。真正使韩信在刘邦心目中确立地位的，是两个人之间的一段对话。

史书上记载，在韩信被追回来以后，刘邦对韩信说："萧何好几次向我推荐你，现在我用你了，那么你准备给我提出什么计策呢？"韩信则问刘邦："现在您和项羽争夺天下，那您觉得在勇悍仁强等方面，您与他相比如何？"

刘邦沉默了半天（可见，这位混混起家的领导者还是有点自知之明的）才说："我不如他！"

韩信说："我个人也认为您不如他，不过我曾经是项羽的手下，我来给您讲讲他的为人。项羽这个人英雄气概、万丈豪情，他发起威风来所有人都害怕，但是他不能发现和使用有才华的人，所以他的本领都是匹夫之勇。

"项羽对人态度温和，尊老爱幼，言语亲切，一旦别人有了疾病，他伤心流泪把自己的食物分给人家，不过对于手下有功劳、有贡献的人，他却舍不得给待遇。这种心肠叫"妇人之仁"。

"项羽虽然称霸天下，但是他放弃关中，建都在彭城，违背了义帝的约定，把自己亲近的人都封王，诸侯都内心不平。这些诸侯看到项羽把义帝驱逐到江南，都纷纷割据一方。

"项羽每次攻城占地，都残杀很多人，天下人怨恨很多，老百姓也不归附支持。

"因此，项羽表面上是称霸天下了，靠的都是其强大的军事力量，其实他已经失去了民心。所以他的强大是很容易转向衰弱的。

"现在主公您如果能按照和他不一样的方式方法做领导，任用天下勇武的人，还有什么打不败的敌人呢？用天下的城邑去封赏功臣，还有谁会不心服呢？"

韩信的策略中，谈到了领导者成功的关键环节。作为一个有志于天下的领导者，项羽不能任用人才，调动他们的积极性，也不能收拢民心、获得老百姓的认可。韩信认为这样的强大是虚弱的强大，是完全可以打败的。作为一个具备战略眼光的领导者，韩信的观点是和现代管理学的主张相一致的——人的因素是领导者成功的关键所在。

正所谓"天时不如地利，地利不如人和"。

"人和"是中国人在管理过程中追求的一个最高境界。"人和"不是简单地把人组合进团队当中，而是要在组合的同时，造就价值观的认同，保持行为和目标的一致。组建班子，保持队伍团结，激发斗志，这些永远都是组织前进的基础。这就需要借助文化的力量。

《水浒传》中，水泊梁山在英雄排座次的同时，还有一件事做得很漂亮，就是树起了杏黄旗，上书"替天行道"。这其实就是一种文化的整合。

最开始，在众好汉和小喽啰的心目中，上梁山无非就是打家劫舍、做强盗。大家心目中对自己所从事的工作缺乏认同，做的时候心虚，不够投入，事后也不愿意多想。

但是，杏黄旗改变了这个局面，它告诉每个好汉、每个小喽啰：我们是在做一件有远大意义的事情，是在做最应该做的事情，我们的所作所为顺天意合民心，是光荣的。这种观念一旦树立之后，整个队伍的自信心马上就树立起来了，行动更坚决了，完成任务变成了干事业，于是从"要我干"变成了"我要干"，动机更强了，凝聚力也更强了。这就是文化的力量。

在用文化整合队伍的同时，还要任用合适的人。那么做大事到底要用什么样的人呢？按照一般的观念，小人、庸人都是没用的人，这些"没用的人"真的一点用都没有吗？

用人如器

唐人吴兢撰写的《贞观政要》中记载，唐太宗李世民对手下大臣右仆射封德彝说："国家安定的根本是得到人才。最近我命你推举人才，怎么未曾见你推荐一人啊？"封德彝回答说："我怎敢不尽心去办呢，只是到目前还没有发现才华卓著的人才啊。"太宗反驳说："用人就好像是使用器皿一样，用其所长即可。不能指望过去年代的奇人出现，而是要从眼前选人才。难道说一定要等到以前的传奇人物傅说、姜太公出现,咱们才能治理国家吗?"

"用人如器"是李世民的第一个理念,用人才就如同使用一个器皿一样,不是要全才全用,而是专才专用。我们不指望茶壶有铁锅的特长,也不指望铁锅有茶壶的作用。每个器皿都有自己的用处、自己的长处,但是没有任何一个器皿是全能全才的。

领导选人才,如同厨师选厨具,一是要明白每个器具的性能和使用领域;二是搞好搭配,利用多样性让器皿之间互相弥补,取长补短;三是根据实际需要开发新的器具。

在给企业做培训的过程中,我也遇到过一个类似的问题。

一个企业的负责人遇到了一件很苦恼的事情,来和我商量。他的公司缺少一个副总,所以他想提拔一个人出来,这本来是件好事情,可是问题在于两个候选人他都不十分满意,临时到外边找又找不到合适的人选,提拔其中的任何一个,另一个都很有可能离开,不提拔工作又没法进展。最后还是从外部招聘了一个人。结果,试用了一段时间,发现选拔的人才不如想象的那么好,非常失望,觉得很失落,准备开掉人家,又觉得不忍心。

> 不指望茶壶有铁锅的特长,也不指望铁锅有茶壶的作用。每个器皿都有自己的用处、自己的长处,但是没有任何一个器皿是全能全才的。

在听完他讲的内容以后,我给他看了一张表。表上是我们在大学里给研究生上课用的一个经典的例子。

假如世界遭受危机,我们要选一个人站出来领导大家渡过危机,下边是三个候选人,我们应该选谁呢?

A:迷信占卜,两个情妇,嗜好烟酒,意志坚定,比较自我,有雄心,善于鼓励。

B:爱睡懒觉,曾吸鸦片,好酒,爱攻击别人,善于辞令,有文学水平，喜欢表现自己。

C：战斗英雄，素食，不吸烟，敏感，有热情，有幻想，比较自我。

可能我们每个人都会有自己不同的关注点和不同的选择。实际上，这三个人是历史中三个真实的人物，A是罗斯福，B是丘吉尔，C是希特勒。假如你只看希特勒的优点的话，你有可能把他选中，那么人类就要遭受灾难了。而如果你只看罗斯福或者丘吉尔的缺点，也很可能这把两个人给抛弃了。

看人当然是要看优点、缺点，看能力、倾向，不过在优缺点和能力倾向之外，还要看一种更加重要的东西，就是价值观。如果不看价值观，那么天使和魔鬼没什么区别，而且很可能魔鬼长得更帅，看起来更顺眼，说话更好听，能力更强。那样的话，就可能把魔鬼当天使请进家里来。人类历史已经证明了，在历次魔鬼当权的灾难开始的时候，人民群众都以为自己选到了天使。

> 最好的状态不是完美无缺，而是有缺点的正常。正常最好，反常为妖！

所以我给那个老总讲，看人首先看他的价值观倾向，价值观符合要求的人，要多看其优点；价值观不符合要求的人，要多注意其缺点。价值观测试主要包括两项：社会道德伦理测试和企业文化的匹配性测试。

其实，用人不能要求完美无缺。天下没有完美无缺的事，也不存在完美无缺的人。假如一个好朋友或亲密伙伴，认识一年了，发现他完美无缺，这是不是好事情？

答案很简单，这实在不是什么好事。这世界上有没有完美无缺的人呢？当然没有。既然你的好朋友是人，那么他也一定有缺点和不足。如果深入接触一年了，你还不能看到他的一点毛病，原因只有两个：一是你的脑子进水了，理性停电了；二是对方伪装得太好，水平超高。这两种情况一旦发生，那么这种关系及这个人就变得十分可怕了。

那么，如果认识一个人，不到一个月就发现这个人有毛病、有缺点，这样好不好？回答是肯定的，当然好了。好在哪里？好就好在，这说明两件事：一是这个人坦诚，没伪装，没欺骗；二是你自己的决策力、判断力还在，脑子没有进水。

所以最好的状态是什么？不是完美无缺，而是有缺点的正常。正常最好，反常为妖！

预先了解一个人的优点，优点可用；预先知道一个人的缺点，缺点可控。优点可用，缺点可控，这样的关系当然稳定，这样的人才当然有用。

"取士当今"是李世民用人的第二个理念。历史在给人们留下波澜壮阔的故事的同时，也给人们留下了一个又一个传奇的人物和闪光的名字。这些名字令后人敬仰、羡慕、追思。

追思之余肯定也就有人在想，假如能找到这样的人物来和自己共事，该有多好。还有人会进一步想，前代有传奇英雄，我们这个时代也一定会有的，一定要把这个英雄找到。除了这样的英雄之外，对其他的人一律说"不"。

用人一定要找到诸葛亮、刘伯温、张良、韩信，这可能吗？

首先，在今天不可能找到古人。那些人再伟大也都成了历史，他们再也不可能出现了。每个时代都不可能复制前代的英雄，但是每个时代都会产生属于自己的英雄，舍弃已经拥有的而去追寻不会再来的，这显然是一种错误。

其次，不能拿成名英雄的标准来选择新人。要知道，传奇英雄并非一开始就是传奇英雄，他也是经过成长、经过千锤百炼的，一开始他也不过是个无名小卒。一上来就希望找到英雄，这样的心理往往让人错过真正的英雄。大人物成名以后的样子，是不足以用来做选拔人才的标准的。谁按照这个标准选拔人才，那才真正是自己和自己过不去。

第四章
"没用的人"有什么用

金无足赤，人无完人。每个人身上都有缺点，当我们真的看到一个核心员工的缺点时，我们应该采取什么样的态度来对待呢？

关于这个问题，我想从一个学生说起。这个学生，家里挺有钱的，上学的时候追大班的宣传委员，没追到就毕业了。毕业之后大概一年多，我们都没有联系。到了第二年的11月，北京都下第一场雪了，他给我打电话："喂，赵老师，在北京吗？我请您吃饭。"我说："行啊。"说了两句，我就发现这个学生有问题，他的"桃花"开了。我说："你交代，你谈女朋友了吧？"他说："呵呵，赵老师，您怎么知道我谈女朋友了？"一个桃花开的人，在沟通方式上有三大特点，一听就能听出来。哪三大特点呢？第一，说话是短句子，一口气可以说好几句；第二，结尾尾音上挑，有按捺不住的感觉；第三，最后一个字特别爱用叹词。这三条要都符合，这人一定是桃花开了。

他说："赵老师，您这理论真牛，我确实是谈女朋友了。"我说："行，哪天带来，让老师过目一下。"他说："好的，见见吧。"我接着就问："你这女朋友怎么样啊？"他说："特好。"我问："哪儿好啊？"他说："哪儿好？告诉您赵老师，哪儿都好。哎呀，特完美！"我追问他："你真觉得她没有毛病？"他说："真的，特别完美，简直跟梦想的一样了！"

听完他的话，我立刻觉得这事不靠谱。

世界上有没有完美无缺的人？答案是没有。他的女朋友也是普通人，是普通人就会有毛病啊。两人谈恋爱，亲密接触快一年了，居然一丁点儿毛病都看不出来，那说明什么？第一，这哥们脑子进水了，而且进了很多；第二，人家女孩水平太高，把他骗得结结实实的。

我说："你就撤吧。"你猜这哥们怎么样？听完我的话，"咔嚓"就把电话给挂了。他不理我了。等过了一年，他突然又给我打电话。这回说话都是长句子，尾音下降，也不用叹词了。真是桃花落了一地呀，桃树都让人砍走了，受到毁灭性打击。

有一个词叫"似水柔情"。什么是似水柔情？让一个男人的脑子进水的感情是似水柔情。什么是火热的似水柔情？就是让一个男人的脑子进开水的感情。你要碰到这个，那你就危险了。一个人什么时候最危险？一个人动真感情的时候最危险，原有的经验、理性知识都会不起作用。当我们在动感情的时候，一定要记住一句话：让你的爱冷静一点。

古人讲，天地万物都有不足，天晴于西北，地不满于东南。连天地都有毛病，更何况人了。再好的人生也有终点，再好的宴席也会结束。

人生充满遗憾，充满问题，充满缺点，但这很正常，有缺点才正常。所以老祖宗讲，完美是一种反常，反常为妖。他要反常，他就是妖。如果我们认识一个人两个月之后就发现他有缺点，这事好不好？好。第一，说明人家真诚，人家没骗你。第二，说明你有理性，脑子没进水。第三，知道他的优点，优点可用；知道他的缺点，缺点可控。你想想，他有真诚，你有理性，优点可用，缺点可控。这个人就可以当朋友，这个干部就可以用。怕就怕他在你手底下干两年了，瞪大眼睛看，怎么看怎么顺眼，那这样问题就大了。人家段位比我们高，惹不起躲得起，烧炷香赶紧撒，这叫"敬鬼神而远之"。

现在的人力资源管理和心理学都得出一个基本结论：任何稳定的联盟都是基于缺点展示和缺点认同的联盟。咱俩要当朋友，我就向你展示我的缺点。我真诚，你能接受吗？你要能接受，咱俩更进一步；要不能接受，咱俩就保持现在的关系。而且只有双方都展示了自己缺点之后，我们这联盟才稳定。所以你如果真的碰见了一个完美无缺的人，那只能说明他骗你骗得很好，而且你在他眼前是没有任何理性的，他把你给控制住了。你要跟这种人在一起合作，成功了好处全是他的，失败了倒霉全是你的。你提要求他什么都可以不答应，他提要求你被控制了，你就奉献自己的一切呀。这就是我们京剧样板戏唱的那句话："你找他苍茫大地无踪影，他捉你神出鬼没难躲藏。"

> 选人的时候，不是要选完美的人，而是要选真实可靠的人，选优点可用、缺点可控的人。

所以要记住，选人的时候，不是要选完美的人，而是要选真实可靠的人，选优点可用、缺点可控的人。任何胜利，首先都是标准的胜利；任何成功，首先都是标准的成功。当然，任何失败也都是标准的失败，你要用一个完美的标准来选人的话，那一定会摔大跟头的。

谈 古 论 今

记得小的时候第一次听《西游记》的故事，我最讨厌的人就是猪八戒。这个家伙是个典型的坏蛋！好吃懒做、素质低下、传小道消息、煽风点火、打击先进，那个时候就想，要是把猪八戒清理掉了，取真经的路程肯定会更容易些。相信很多人和我一样，曾经有过这种"杀猪"的想法。记得有一次参加一个职业发展论坛，有个非常著名的企业家说了一句话，他说什么呢？他说："现在我的企业有资源了、有品牌了、有号召力了，我一定要选最有本事的人，跟我一起做大事！"他说完这个我就乐了，我说："您说错了！"他说："我哪儿错了？"我说："就是刚才那句！"他不服气："做事业用最有本事的人，难道有什么不对吗？"

这个确实不对，而且非常不对！

为什么不对？大家想想西游记这个团队就能想明白，在取经团队当中，前边抡棍子打妖精是孙悟空，陪领导聊天是猪八戒，师父骑的是白龙马，挑担子的是沙和尚。团队配合很好，每个人都有自己的位置，各司其职到西天了。那谁本事最大？当然是孙悟空。但如果都用最有本事的人，想想这场景：前边抡棍子打妖精的是只猴，扛耙子是只猴，挑担是只猴，唐三藏骑只猴，这不叫取经，这叫耍猴！

所以，正确的管理不是用最有本事的人，而是用最合适的人。要用最合适的人去做大事，安排员工就好比安排十个手指，有长有短才叫手。你说五根手指，哪个最长？中指最长。要是都长最长的，十个手指都一般长，那叫五双筷子，它是残疾。所以用人有两类错误：高端岗位用了低人，是错误的；低端岗位用了高人，是更大的错误。不一定处处都是能人，不一定事事都用高人。在一个团队当中，能人有能人的位置，庸人有庸人的位置。高端岗位用了低人，他干不了；低端岗位用了高人，他也干不好！

> 正确的管理不是用最有本事的人，而是用最合适的人。用人有两类错误：高端岗位用了低人，是错误的；低端岗位用了高人，是更大的错误。

正所谓"尺有所短，寸有所长"。团队中的所有成员，不论能力高低，只要能找到自己的角色，做出自己的贡献，他就有存在的理由。那么从这个角度，我们再来看看猪八戒究竟在团队中做出了怎样的贡献呢？

猪八戒确实没能力，确实爱进谗言，确实境界很低，但是因为他的存在，就带来了团队的和谐。所有没人背的黑锅都可以让他背，所有人心情不好都可以骂他，想拧他耳朵就拧他耳朵，骂他"呆子""憨货"都可以。该踢就踢，该踹就踹，骂完了打完了，推回去，第二天再上班，师父还是好师父，猴哥还是好猴哥。他在唐三藏和孙悟空之间起了重大的情绪缓冲作用，在团队中担任了垃圾桶、消气筒的角色。

再打一个比方，一辆汽车要跑长途，不光要有汽油，也得有润滑油。任

第四章
"没用的人"有什么用

务角色的人就是汽油，关系角色的人就是润滑油。假如只加汽油，不加润滑油，这汽车会崩溃的。

那么回过头来反思一下，传统的绩效管理、指标考核，让我们把注意力全集中到汽油型员工的身上。有的时候真的有可能把润滑油都给挤干了，却只加汽油，结果加来加去，冲突水平上升，满意度下降，忠诚度降低，导致润滑油型员工跳槽，团队会崩溃的。所以，在做管理的时候，既要加汽油，也要加润滑油，末位未必淘汰，没本事的人未必真的就没用，未必真的要把他给淘汰。假如他能发挥润滑油的作用，你就得留着他。当然，这种角色有一两个足矣。所以干工作永远要一手托着任务，一手托着关系；一手托着业绩的增长，一手托着满意度的增长。团队既需要有任务角色，又需要有关系角色，汽油和润滑油同等重要。

小人的用处

有些企业领导者在事业发展到一定阶段的时候，就喜欢清理队伍，特别是对干部队伍进行大清洗，有人把这种人事震荡总结为"把君子留下来，把小人清理掉"。这种清理小人的思想有着很深的文化渊源。

这个现象让我想起了诸葛亮。在《出师表》中，孔明先生提到了一个很经典的命题——"亲贤臣，远小人"。可以说，这个命题对后代的领导者产生了很深远的影响。在这里，我们想反思一下如何对待小人这个话题。小人是重利轻义的，是不招

> 天下事，有高雅事，也有庸俗事；天下人，有君子，也有小人。用君子做君子的事情，用小人做小人的事情。

人喜欢的,那么领导者要不要彻底疏远他们呢?

有一个"孔子逸马"的典故恰好说明了这一点。

■■■■■ 谈 古 论 今

> 话说孔子东游,乘坐的马车不慎将路边的麦苗压倒了一片。种地的老农不依不饶,车队受阻。于是孔子派自己的学生前去劝老农让路。可是接连派了颜回和子路前去,都没能奏效。这时,孔子改派给自己赶车的车夫前去,结果几句话就把拦路的老农说通了,车队得以继续前进。

颜回和子路的学识才华都要比马车车夫不知道高出多少倍。单纯看口才,如果是在国家议会、记者招待会或者新闻发布会上,两个人一定可以讲得风生水起、满堂喝彩,但是面对一个发脾气的、没什么文化的老农,两个人的才华还抵不上一个车夫的说辞有效。这就叫作"每个人都有自己的舞台"。

天下事,有高雅事也有庸俗事;天下人,有君子,也有小人。面对复杂多变的具体情况,一个领导要有能力使用君子,使用高尚之人;也要有能力使用小人,使用庸俗之人。用君子做君子的事情,用小人做小人的事情。

你看寺庙里的四大天王,个个凶悍无比,但是大慈大悲的佛祖也还是要用这四个凶神来做保安工作。钟馗负责捉鬼,钟馗自己也是个鬼,用鬼来捉鬼,这就是个很好的思路。

任用君子很容易,君子看着顺眼,管理起来也容易;小人就不一样了,看起来不顺眼,管起来也不容易,但还是必须用,没有这样的心胸是不行的。

用君子是人品,用小人是智慧。所以,对于"亲贤臣,远小人"这个命

第四章
"没用的人"有什么用

题,我们改一个字,叫作"亲贤臣,治小人"。作为领导者,面对的不管是老虎还是老鼠,都不要害怕,也不要让它们处在自己的视线之外,要运用管理手段把它们驯服了、管住了,让它们接受组织规范并为组织做贡献。这就叫作"领导者要能站在自己头脑之上"。

> 亲贤臣,治小人。用君子是人品,用小人是智慧。

在看到小人的缺点和问题的同时,对于领导者来说,还有一个更具挑战性的任务,就是看到"君子之祸"。

谈古论今

《唐书》中记载了唐太宗关于隋文帝杨坚的一段对话。

太宗皇帝问房玄龄、萧瑀:"你们觉得隋文帝这个皇帝是什么样的领导?"

房、萧二人认为,隋文帝是一个励精图治的皇帝:生活俭朴、工作努力、废寝忘食、勤劳思政。他每天处理政务常常忙碌到太阳偏西。与五品以上的干部一起讨论国家大事,忙起来的时候,都顾不上吃饭,由身边的卫士给送点饭就算一顿了。他虽然算不上性体仁明,但也算是个励精图治的领导。

没想到李世民却给了一个完全不同的答案。他总结了这个君子型皇帝的两个致命缺点:一是不明喜查,也就是说自己不能决断,就要反复检查下属,扰乱了工作秩序,带来了猜疑。二是事皆自决,什么事情都是自己说了算。这是一个大问题。事情一多,忙不过来,身体就会受到伤害;更重要的是,公司各个领域都有一些已经做过贡献的老同志,还有一些初出茅庐的年轻人。如果按照杨坚的工作方法,那么肯定是老同志感觉受冷落,年轻人得不到锻炼的机会,而领导自己的才华能力又比较有限，这样不但大家不满意，而且工作本身可能还会出问题。

李世民指出，隋朝的灭亡不是从杨广开始的，而是从杨坚就开始了。李世民的主张揭示了一个重要的现象：君子之祸。与君子对立的是小人，小人资源少、人气低、只图眼前的利益，所以即使出问题也不是全局的大问题。君子就不一样，德高望重、人缘好、名声好、有追随者，若是出问题肯定是全局性的大问题、大麻烦。而且真的出了问题，他还会振振有词——就算交学费了！同时，因为君子人缘好、名声好，大家对他的问题就比较容易忽视，监督的力度也不是很大，一来二去就真出大问题了。因此，在重要管理岗位上安排人，不仅要看人品道德，还要看是否具备相应的胜任力。

庸人的用处

在一次企业家论坛上，有一位老总慷慨激昂地说："我们的企业一定要用最优秀的人才，水平一般的我们坚决不要。"相信很多人，特别是领导者，是认同这种理念的。那么这种理念到底正确不正确呢，我们需要探讨一下。

多样化是大自然的一个基本法则。天上飞的有大雁、老鹰，也有苍蝇、蚊子；地上跑的有狮子、老虎，也有老鼠、蟑螂。每种动物都扮演着自己在生物链中的角色，毛毛虫代替不了老虎，老虎也代替不了毛毛虫。

组织的情况和自然界是很相似的，岗位的安排同样需要保持稳定的多样性，该安排老虎的不能安排毛毛虫，该安排毛毛虫的也不能安排老虎。

第四章 "没用的人"有什么用

比如说，一个普通的秘书文员岗位，如果我们安排一个本科生或者专科生，他可能会很努力地去工作；如果我们安排了一个研究生，可能他本人的满意度会降低，工作努力程度会打折扣，而且十有八九他心里还会算计，一旦有机会就马上离开这个企业。

产生这种现象的原因就是"能岗不匹配"。滥用人才、奢侈型的用人战略带来的一个巨大问题，就是把高能力、高水平的人放到低端的岗位上去，既降低了被管理者的满意度，也降低了工作本身的可靠性。

> 企业不是要用最好的人、最优秀的人，而是要用最合适的人。

所以，我们的主张是：企业不是要用最好的人、最优秀的人，而是要用最合适的人。高端岗位用高端的人，低端岗位用低端的人，能人放到能人位置上，庸人放到庸人位置上。这样事业才能发展壮大。

除了岗位适应性以外，庸人还有一个巨大的作用，就是示范作用。

▪▪▪▪▪ 谈 古 论 今

中国古代有一个"庭燎求贤"的故事。

为了使齐国迅速强盛起来，齐桓公决定面向全国招揽人才。为了表现自己求贤若渴的决心，他在宫廷前燃起明亮的火炬，准备日夜接待各地前来晋见的人才。但是，过了整整一年，还是没一个人上门。齐桓公很沮丧，不知道是国家没有人才了，还是自己的政策缺乏吸引力。

正在迷惑的时候，有一天，来了一个乡下人，自称有才。齐桓公来了个现场测试，那个人展示的才能是什么呢？居然是背诵九九口诀。齐桓公听说后觉得很可笑，于是告诉乡下人："九九口诀连七岁小孩都会背诵，这个也能拿来当才华吗？念你初次，我也不和你计较，你自己还是赶紧回家去吧！"

没想到乡下人自有一番道理，他说："我远道而来，是专门来为您解决眼前的难题的。我凭九九口诀这种微小的技能见君王，无非是为了抛砖引玉。贤士们不来齐国，是因为他们认为您是才能卓越、非常贤明的国君，各地的人才都自认为比不过您，他们担心被您拒绝、被您嘲笑，所以就不敢登门。如果他们听说您连背诵九九口诀的人都肯接见，那么必定蜂拥而至。"

桓公听罢心悦诚服，连连点头表示赞许，立即以隆重的礼节接待了这个乡下人。不到一个月，各地贤才便云集齐国都城。

"庭燎求贤"的故事包含了一个深刻的管理学道理：利用庸人的示范作用，宣传自己的人才政策，向所有的人才表明自己的真诚态度和坚定决心。

很多时候领导者叹息身边的人太平庸，没有人才，做不成大事业。其实我们想想，人才为什么没有来？因为大家不相信能得到应有的待遇。这个时候就需要借助一些途径展示人才政策，最好的途径莫过于用好身边的人，把身边平庸的人用好了，给了应有的待遇，甚至是比较理想的待遇，那么杰出的人才就会认为：这样的人都能得到这么好的待遇，那我一定有机会。于是他自然就来了。这就叫作"善待眼前人，招揽天下人"。

仇人的用处

仇人除了让人生恨还有什么用处呢？刘邦和曹操给了我们两个很好的

第四章 "没用的人"有什么用

例子。

《三国志》中记载了这样一个故事。

▪▪▪▪▪ 谈 古 论 今

曹操与张绣战于宛城,张绣降而又反。曹操自己受了箭伤,长子曹昂、侄子曹安民、大将典韦都被杀死。

后来,张绣二次投降,曹操不记前仇,"执其手,与欢宴",拜张绣为扬武将军,还让自己的儿子娶了张绣的闺女。后来张绣在平灭袁绍集团的战争中建立了很多功勋。此举还使得很多曾与曹操为敌的人放下了内心的顾虑,真心来归降,从而使曹操的实力得以迅速壮大。

曹操的心胸气度确实令人钦佩。我们相信,一个有血有肉有感情的人是不可能去爱杀了自己儿子的敌人的。用一个仇人而使人人归心,团队更加壮大,曹操这样做,完全是出于战略上的考虑。确实是胸怀有多大,事业就有多大。

刘邦的例子更具有典型性。

▪▪▪▪▪ 谈 古 论 今

汉高祖刘邦定了天下,开始封赏功臣,大家都在争功抢功,局面很乱,稍不留神就可能出大乱子,而且刘邦已经注意到功臣猛将们开始私下拉帮结派了。于是他问张良怎样才能控制住局面。

张良说,很简单,主公要先封雍齿。雍齿是刘邦的旧部下,曾经投降项羽,给刘邦造成了巨大损失,刘邦曾经说,等得了天下,第一个就把雍齿烹了解恨。张良说，全天下的人都知道主公最恨雍齿，现在您先封雍齿，所有的功臣都会看到，连雍齿这样的仇人做了贡献都可以受封，更何况别人呢，这样大家就不会争抢了。后来，刘邦封了雍齿，果然争吵平息了。

这叫作"封一人而安天下"。

给待遇必须符合由远及近的原则。先要给那些和自己不亲密、接触不多，甚至有过矛盾的下属，给这样的下属应有的待遇，那么整个队伍就稳定了。相反，如果先给自己身边的、和自己关系比较好的下属，即使给得恰当公正，其他人也不会认可，大家会说领导心里只有和他自己亲密的人，没有别人，这样的想法一旦蔓延就特别容易招致祸端。

有人觉得，用仇人比较难，因为心中的仇恨难以消除，而用亲人就比较容易了，因为心中没有仇恨，只有亲切。其实，事情远没有那么简单。因为人们都对自己的亲人怀有更高的期望，所以也就格外容易受到伤害。比如，走在大街上，如果被一个陌生人嘲笑一句，心中的不痛快很快就可以放下，但是如果被自己的至亲骨肉同样当众嘲笑，那份恨意很长时间都会无法消除。

前边讲到汉高祖刘邦对许多跟自己有仇的人都给予了封赏，但是他唯独没有封赏自己的侄子。原因很简单，就是因为刘邦在发迹之前，有一次到自己哥哥家去吃饭，刘邦的嫂子撒谎说没有饭了，不肯让刘邦吃，刘邦心里就记了仇。对外人，即使想取他性命的人，他都可以原谅；对亲人，一顿饭没有吃到，仇恨就牢记心中。这叫作"怨不在大小，在于伤心"。

因此，亲人间是特别容易造成伤害的，同时，亲人的恩情又是比较容易忽略的。这就好比每个人都离不开空气，但是我们往往会忘记空气的存在。

第四章 "没用的人"有什么用

最常用、最重要的,往往也是最容易被忽略的。一个外人为我们做点事情,我们可能很容易就感动了;我们的亲人每天都在为我们操心费力,但是往往被忽略掉,正所谓"亲人仇,仇上仇;亲人恩,恩下恩"。正是因为这一点,在工作中任用亲人,是一件很微妙的事情,需要保持理性,很好地管理自己的情绪,控制自己的行为。常拿亲人当外人,方使亲人似亲人。

> 给待遇必须符合由远及近的原则。

唱反调的人

《史记·白起王翦列传》中记载了这样一段故事。

■■■■■ **谈 古 论 今**

长平之战,白起歼灭赵军四十多万,韩、赵恐慌,就派苏代带了很多钱去游说秦相应侯范雎:"武安君白起为秦战胜攻取者七十余城,南定鄢、郢、汉中,北擒赵括之军,虽周、召、吕望之功不益于此矣。现在如果赵亡,秦王称霸,武安君必为三公,那么他的地位和权势就要超过您应侯了。"于是应侯说服秦王放弃了攻邯郸灭赵的计划。武安君听说后心里很恨范雎。

第二年秦国的五大夫王陵攻邯郸,战事不利,秦王想要白起代替王陵。白起建议说:"邯郸实未易攻也。而且诸侯救援日至,彼诸侯怨秦之日久矣。今秦虽破长平军,而秦卒死者过半,国内空。远绝河山而争人国都,赵应其内,诸侯攻其外,破秦军必矣。不可。"秦王再三下令,白起始终不肯前往,后来干脆称病不出。

秦王派王龁代王陵,最终损失很大也未能攻破邯郸。白起听说以后就对人说:"秦王不听我的计策,今如何矣!"秦王闻之怒,一定要征调白起,白起干脆就推说自己病得很重,范雎亲自去请也没请动。于是被免为士伍。又过了三个月,秦军连打几次败仗,秦王恼怒命人遣送白起,不得留咸阳中。出咸阳西门十里,至杜邮。秦昭王与应侯群臣商议:"白起之迁,其意尚怏怏不服,有余言。"于是派使者赐剑,白起落了个自杀下场。

白起的死说明,在重大决策上和领导唱反调是很危险的事情。在攻打邯郸的问题上,白起的主张是有道理的。但是,之前攻打邯郸的计划因为秦王偏信范雎而搁浅,之后不适宜攻打邯郸的建议又因为秦王固执而不被采纳。两次挫折让军事家白起满怀不快,从装病到真病,受尽了委屈。

其实,白起的遭遇在现代企业中也是普遍存在的。在很多重大决策上,往往是作为专家的职业经理人难以说服固执的老板,"胳膊拧不过大腿"。在这种情况下怎么办?白起选择的是坚持自己的主张不改变,结果在秦国吃了败仗以后,自己也被迫自尽了。

> 没有科学陪伴的权力依然威风凛凛,没有权力陪伴的科学则备受摧残。

管理过程中进行重大战略决策时,经常会出现上下级意见不统一的问题。这时会有两种情况:

一是上级既有权力又正确,在这种情况下,科学性与权威性是一致的。下属的固执无损领导威信,企业经营也会顺利进行。

二是上级有权力，下级有真理，这时科学性与权威性是不一致的。在这种情况下，如果领导向下属妥协，事情也会顺利发展，而且领导会得到一个虚心纳谏的美名。但是权力往往都是固执的，于是双方的对立也就产生了。这种情况下，比较难做的是下属：服从呢，已经看出是错的；不服从呢，上级领导会不高兴；努力说服对方呢，又做不到。白起就是在这样的困境中自杀的。

历史一次又一次向我们展示的事实就是这样的：

下属：领导您错了，该朝这边走！
上级：我没错，你跟我走！
下属：您就是错了，我不跟您走！
上级：真不走？
下属：真不走！
上级：好！来人，推出去斩了！

我们不得不承认一个铁的事实，组织的运转从来都是由权力推动的。没有科学陪伴的权力依然威风凛凛，没有权力陪伴的科学则备受摧残。所以，科学要想在组织决策中发挥作用，就必须善于和乐于与权力联姻。联姻不是卖身，不是做奴隶、做仆人、唯命是从。

联姻的策略核心是"组建家庭"，荣辱与共，沉浮一体。任何美满而长久的婚姻中，双方都要坚信两点：一是彼此有深厚感情，二是彼此是利益共同体。

> 专家型下属常犯的三种错误：一是不"求婚"，二是不"恋家"，三是不"顾家"。

专家型下属往往容易犯三种错误：一是不"求婚"，以专家自诩，认为自己手握真理，心理上有优势，等着对方醒悟来找你，这违背了管理的规律；二是不"恋家"，始终没能让对方看到自己对公司、对事业的热爱以及对老板的情感认同；三是不"顾家"，在公司利害攸关的问题上冷淡处之，置身事外。

因此，"主动求婚、真心恋家、朝夕顾家"，是专家型下属面对固执领导的基本策略要点。具体说来，在发生分歧的时候，要积极主动沟通，注重情感交流，善于使用私人场合和非正式沟通，要展示自己的事业心，展示自己对领导、对企业的感恩之心，要把企业的成败和自己的未来蓝图连在一起。

相反，科学如果不能和权力达成一致，便会被抛弃。这种抛弃，对双方来说都是悲哀的结局。没有科学内助的权力是盲目的权力，没有权力支持的科学是孤独的科学。

权力包括两类：一是职位权力，如合法命令权、奖励惩罚权；二是个人权力，如专家权、模范权。战略决策领域，永远都是权力第一。所以分析这类问题，必须要考虑权力的因素。

在战略决策上无论主张正确与否，只要表达得当，都不至于走上"死路"。所谓得当，指的是用理性很好地控制自己的情绪。

> 没有科学内助的权力是盲目的权力，没有权力支持的科学是孤独的科学。

白起没有做到这一点，这也是白起被赐自尽的主要原因。引发白起无法控制自己情绪的原因很简单，长平一战后本来形势大好，白起眼看就要大功告成，可老板居然偏听收了别人贿赂的范雎之言，强令收兵，白起实在咽不下这口气。必胜的仗不让打，眼前必败的仗却一次又一次命令自己上阵，这让白起十分不快，于是干脆来了个"不合作主义"，任你怎么请我就是不去。白起的做法实在太不理智了，在这么重大的问题上耍孩子脾气，实在是对国家和自己的前途不负责任。

白起敢耍大牌是因为他有资本——南征北战，每战必捷，横扫韩魏赵楚，连克七十余城。他的功劳天下尽知，他的本领天下尽服。毫无疑问，白起是一个同时拥有模范权和专家权的下属。

在个人权力上，秦王甚至都不如白起。但是秦王是老板，他的手里牢牢控制着职位赋予他的合法命令权和奖罚权。所谓"功高震主，才大欺主"，下属个人权力太大，会影响上级职位权力的发挥，甚至反过来控制领导，这是历朝历代老板都不能接受的。

白起居然就在这么做，以他的智慧，只要稍微一想就可以发现其中的危险性。不过，老将军生气了，闹情绪了，一旦情绪化的心理机制被启动，很多基本的理性思路都会停工。白起的理性停工了，但秦王的却没有，不但没停，而且理性还加深了。经过深思熟虑，秦王重新给问题定了性。在他心里，下属白起的行为，已经不是单纯的战略决策分歧问题了，他的拒绝根本不是在怀疑自己决策的科学性，而是在挑衅自己决策的权威性，是公然对秦王的权力进行挑战。姑息了一个白起，以后朝廷中的功臣大将就有可能纷纷来复制这个模式，那队伍就不好带了。

相信每个在战略决策会上被下属质问、反驳、蔑视和忽略的老板，心情也是和秦王一样的，杀一儆百就成了必然。我们再一次

> 有想法不说，对不起工作；说了却没讲究方法，对不起自己。

认识到，在管理过程中，沟通策略对于沟通结果至关重要。有想法不说，对不起工作；说了却没讲究方法，对不起自己。

如果一个专家型下属能做到既对得起工作，也对得起自己，在发现了正确意见以后，既对老板说了，也讲究了方法，但是却没有得到老板的认同，这时候应该怎么办？

这时要考虑三件事情：第一，是否自己的影响力太差？能不能找一个比自己更有分量、更有影响力的人出来说话？科学需要借助权力传播。第

二，能不能放一放？小火慢炖，采用逐渐渗透的策略，让领导自己悟出来。第三，倘若是紧急任务，沟通说服无效，那么要做好执行上级决策的思想准备。

让快速行进中的汽车转弯是很难的事情，必须要拐一个很大的弯子才行。同样的道理，如果企业正处于发展迅速、一派繁荣的阶段，老板很难改变意见，就需要慢慢来。这个时候，要保持一颗"公心"，包括三个层面：一是理解别人，二是恪尽职守，三是奉献精神。用第一层说服上级，用第二层指导工作，用第三层化解委屈。

就算是上级的决策有问题，下属也不该逃避和抱怨。一方面要充分表达自己的观点，提供必要的信息和分析思路，供上级决策参考；另一方面要尽心守职，努力去做。这叫作"言尽私意，行尽公心"，用语言表达自己的想法，用行动证明自己的公心。

下属要摆正自己的位置，在方向性的问题上只有建议权，没有改动权和停止权。所以，要有摔跟头的思想准备，明知要摔也要摔给上级看，帮助领导认识到问题的严重性，这是完全必要的。不小心摔跟头是正常，有准备地摔跟头并能提前把损失控制在一定范围内，这是境界。

> 不小心摔跟头是正常，有准备地摔跟头并能提前把损失控制在一定范围内，这是境界。

在这方面"白起"型员工是有问题的。他们自己怕摔跟头，怕担责任，言不尽意，行不尽心，只是在那里抱怨、闹情绪甚至拆台。问题出来以后，还说风凉话、打击上级，给自己找面子。这几乎不是方法问题、性格问题了，已经接近人品问题了，难怪秦王那么生气了。

当然，作为企业的最高负责人，应该主观上虚心听取别人的意见和建议，放宽心胸，放长眼光，认真对待别人的意见。同时在客观上应该准备三个基本机制：一是有效的集体决策机制，包括信息收集机制、表决机制和决策咨询机制；二是上下级交流机制，保证自己能够了解到最新、最真实的意见；三是错误反馈和修正机制，确保尽早发现和解决苗头性、趋势性问题，总结失误和教训，保持自己和企业的不断进步。

能力、岗位和待遇的匹配

《水浒传》里有几个典型人物。

（1）"鼓上蚤"时迁。时迁这个人能力很强，轻功一绝，能力分很高；从三打祝家庄到破连环马收徐宁的过程中，贡献很多，所以贡献分也很高；交朋友很多，大家也都认可，所以人气分也很高。他属于"三高"，但是有"一低"——他的技术是偷，所以名声分比较低。因此，梁山给时迁的安排是第一百零七位，倒数第二位。

职位安排是一种导向。你想，本来梁山名声就不好，再选一个会偷的人进领导班子前十名，影响就更不好了。所以声名狼藉的人排位肯定不会靠前。不过没关系，可以从其他方面弥补。

制度资源有三种：位、权、利。位就是级别，权就是职责，利就是待遇。位是跟名声相连的，把他排到第一百零七位，位份的确比较低。权是跟管理相连的，时迁不会管人，所以在权力上面只能属于低档。但是利是跟贡献和人气相连的，可以给他很高的利益。因此，虽然时迁排名第一百零七位，但是他的福利待遇都比照三把手的标准，他照样很满意。

> 制度资源有三种：位、权、利。

（2）"大刀"关胜。关胜这个人能力绝对有，但是贡献一般，在梁山的人气属于中等偏上，并不高，因为他是后去的，没有自己的死党。

但是关胜是关羽的后人，所以他的名声非常好，名声就是号召力啊，如果选他进入梁山的领导班子，名人效应、品牌价值一下就出来了。所以梁山排名，关胜的位置很靠前，排在前五了！但是打仗的时候关胜只是一个普通将领，排名虽然很靠前，但是权力一般。当然，收入待遇还是不错的。时迁属于只给利不给权位，而关胜属于只给位和利不给权。

（3）朱武。朱武这个人很独特。每次打仗的时候，基本上都是宋江带吴用，卢俊义带朱武出谋划策，所以在梁山的军事管理和日常练兵当中，朱武扮演的是副总参谋长的角色，基本上是四把手。这就说明他的能力很强，谋略很高，而且权力很大。但是他排名第三十七名，待遇也很一般，他就属于只给权不给位和利的人。

企业领导要会用自己的三种制度资源。比如，能让劳模当处长吗？不能，因为处长是要做决策的，以能力、胜任要素为主；而劳模是看贡献大小和工作态度的好坏。可以给劳模利益和位置，但是不能给权力。

既然做大事需要依靠能人，那么如何管理能人呢？管能人有两个要点：

（1）要用"紧箍咒"来约束能人。《西游记》里孙悟空戴着一个紧箍，为什么不给沙僧和猪八戒戴，偏偏要给孙悟空戴？这就是奥妙所在：能人需要戴紧箍，庸人不需要。因为庸人离不开团队，离开团队就到不了西天；但是能人一个跟斗就能到西天，即使离开团队，也可以自立门户，当个美猴王。而团队是离不开能人的。对于能人，没有约束就难以信任。信任不仅需要情感认同，还需要一种机制认同。给能人戴上紧箍，忠诚度确认了，做事情也有谱了，领导就可以

> 企业可以有闲事，但是不能有闲人。生命在于运动，管理在于折腾。

放心了。可以不念紧箍咒，但一定要戴紧箍，因为紧箍是一种机制，是一种双方的承诺。

（2）**要让能人有事情可做**。企业可以有闲事，但是不能有闲人；庸人闲下来就会找事，能人闲下来就会闯祸。所以人人都要忙起来，都要有事做，特别是能人，一定要给他一个足以让他觉得自己的能力能够得到发挥的领域。可以搞点评比，搞点竞赛，搞点轮岗换岗，搞点团队之间的对抗。除了工作上的事情，还可以搞旅游、吹拉弹唱、打球照相。这个策略叫作"不断搅动锅里的水"。生命在于运动，管理在于折腾。

长话短说

"用人如器"是李世民用人的一个理念。用人才就如同使用器皿一样，不是要全才全用，而是专才专用。不指望茶壶有铁锅的特长，也不指望铁锅有茶壶的作用。任何一个器皿都不是全能全才的，每个器皿都有其用处与长处。

天下事，有高雅事也有庸俗事；天下人，有君子也有小人。面对复杂多变的具体情况，一个领导者要有能力使用君子，使用高尚之人；也要有能力使用小人，使用庸俗之人。用君子做君子的事情，用小人做小人的事情。亲贤臣，治小人。作为领导者，面对的不管是老虎还是老鼠，都不要害怕，也不要让它们处在自己的视线之外，要运用管理手段把它们驯服了、管住了，让它们接受组织规范并为组织做贡献。

展示人才政策，最好的途径莫过于用好身边的人，把身边平庸的人用好了，给了应有的待遇，甚至是比较理想的待遇，那么杰出的人才就会认为：

这样的人都能得到这么好的待遇，那我一定有机会。于是他自然就来了。这就叫作"善待眼前人，招揽天下人"。

组织的运转从来都是由权力推动的。没有科学陪伴的权力依然威风凛凛，没有权力陪伴的科学则备受摧残。所以，科学要想在组织决策中发挥作用，就必须善于和乐于与权力联姻。联姻不是卖身，不是做奴隶、做仆人、唯命是从。在发生分歧的时候，要积极主动沟通，注重情感交流，善于使用私人场合和非正式沟通，要展示自己的事业心，展示自己对领导对企业的感恩之心，要把企业的成败和自己的未来蓝图连在一起。相反，科学如果不能和权力达成一致，便会被抛弃。这种抛弃，对双方来说都是悲哀的结局。没有科学内助的权力是盲目的权力，没有权力支持的科学是孤独的科学。

要让能人有事情可做。企业可以有闲事，但是不能有闲人；庸人闲下来就会找事，能人闲下来就会闯祸。所以人人都要忙起来，都要有事做，特别是能人，一定要给他一个足以让他觉得自己的能力能够得到发挥的领域。这个策略叫作"不断搅动锅里的水"。生命在于运动，管理在于折腾。

第五章　和谁在一起

　　做大事业,是从结义开始的。也就是说,做大事业,是从建立私人感情开始的。不善于建立私人关系的人,是无法把自己的事业引领到快车道上来的。

第五章
和谁在一起

事　典：桃园三结义
时　间：汉灵帝建宁年间
地　点：幽州涿县（今河北涿州）
对话者：刘备、关羽、张飞
出　处：《三国演义》

> 次日，于桃园中，备下乌牛白马祭礼等项，三人焚香再拜而说誓曰："念刘备、关羽、张飞，虽然异姓，既结为兄弟，则同心协力，救困扶危；上报国家，下安黎庶。不求同年同月同日生，只愿同年同月同日死。皇天后土，实鉴此心。背义忘恩，天人共戮！"誓毕，拜玄德为兄，关羽次之，张飞为弟。
>
> ——《三国演义》

我们过怎样的一生，很大程度上取决于我们和什么样的人在一起。没有一支队伍，是做不成大事的。

刘备是个孤儿，生活困苦，十五岁时才开始接受教育。不过刘备比较幸运，上学时碰到了好老师、好同学。刘备的老师叫卢植，据《后汉书》记载，卢植"名著海内，学为儒宗，士之楷模，乃国之桢干也"。董卓废皇帝的时候，卢植曾经拍案而起表示反对，结果差点被杀，面对董卓淫威，卢植一点都没害怕。可以说，刘备的这位老师学问、人品都是一流的。

再看刘备的两个同学。

一个同学是刘德然，这个同学在历史上不出名，但是这位同学的父亲却非常赏识刘备,在刘备经济困难的时候经常给予帮助,使刘备能安心学业。

另一个同学是公孙瓒。公孙瓒一开始就比刘备成功,刘备担任"丞"这样的科级小官时,公孙瓒已经是"中郎将",割据一方了。后来刘备起兵参与讨伐董卓,结果被打败,还是公孙瓒收留了刘备,并给刘备谋了很不错的职位——先是别部司马,然后是平原相,帮助刘备走上了事业快速发展的道路。另外,刘备手下的大将赵云,就是从公孙瓒的队伍中挖过来的人才。

刘备青年时代是什么样呢?《三国志》中记载,这位仁兄"不甚乐读书,喜狗马、音乐、美衣服"。可以说在生活和学习上,刘备是穷人的命运、公子哥的习气。不过刘备也有很突出的优点,他"少语言,善下人,喜怒不形于色。好交结豪侠,年少争附之"。这时他的领袖气质就已经显示出来了。

地方上有两个大商人,一个叫张世平,一个叫苏双,这两个人是刘备的主要赞助商,给刘备提供了大量的活动经费,为刘备拉队伍起到了重要作用。还有一个人也是企业家出身,对刘备的事业发展也给予了巨大的经济支持。这人叫糜竺,糜竺家世代经商,到了糜竺这一代已经是非常富有了,《三国志》中描述说:"僮客万人,赀产钜亿。"

糜竺本来是在徐州地方长官陶谦手下做事情,曹操攻打徐州,陶谦派糜竺请刘备来助战,于是两人得以相识。后来陶谦执意要把徐州让给刘备,这就是著名的"三让徐州"的故事,可以说,糜竺对于刘备入主徐州、巩固在徐州的领导地位起到了重大作用。

再后来,吕布利用刘备出征、后方没有防备的机会占据徐州,并且俘虏了刘备的家眷,断了刘备归路。这时糜竺挺身而出,把自己的万贯家财都交给刘备做军费,把自己两千奴客都送到军中,还把自己的亲妹妹嫁给刘备,使得刘备军威复振。

刘备在维护人脉、建立班底上有很好的表现。正因为有了这样的表现，所以一个编草席的孤儿才能白手起家，逐鹿中原，三分天下。

每个领导者，在自己事业开始的时候，都面临一个同样的问题——你该如何开始自己的事业？答案就是找到合作伙伴，建立一个铁班底。

"兄弟连"的真谛

刘备的创业之路是从"桃园三结义"开始的。无独有偶，在《水浒传》中，梁山团队的领导者晁盖在起家的时候也有一次类似的经历——"晁天王认义东溪村"。两个英雄团队，一个叫作"结义"，一个叫作"认义"，其核心都是一样的，就是先培养创业团队成员之间亲密无间的感情，然后再做大事业。

为什么一定要走这样的创业道路呢？我们先用一个简单的例子来分析一下。

谈 古 论 今

两山夹一沟，中间有一座公路大桥，两辆车对着开，正常情况下应该是擦肩而过。但是正当两车要会车的时候，忽然起了风，山上有棵大树被连根拔起，横在了两车之间。

两个开车的司机甲和乙就商量要一起想办法把拦路的树拖下路基。因为经计算，连拖树带启动汽车，一共要用时两分钟；如果不拖树，绕道走，则需要半个小时。于是两个人决定合作，一起拖走这棵树。

但是就在甲拿着绳索准备拖树的时候,他突然想到一个问题,如果自己玩命努力拖,而乙根本就不用力,那结果一定是自己车毁人亡,同时乙只用一分钟就可以通过这条路。于是他犹豫了,迟疑了。策略都是对称的,与此同时,司机乙也想到了同样的问题,于是他也犹豫了,迟疑了。

最终两个人都不想拖树了,只好绕道而行,分道扬镳。

本来两分钟可以解决的事情为什么用了半个小时呢?是什么因素造成了二十八分钟的多余成本?是缺乏信任。信任成本是组织当中最大的成本。如果缺乏信任,那么明明可以低成本、高效率做成的事情就会做不成。特别是在风险比较大的项目合作上,如果没有信任的话,合作双方都得不到最佳结果。

接着上边的例子我们再想一想,如果司机甲和司机乙的关系发生了变化,双方不再是陌生人,而是父子关系或者兄弟关系,一旦变成了亲人,那么结果就不同了,合作一下子变得容易实现了,这都是因为双方有了信任。

所谓"打仗亲兄弟,上阵父子兵",这句话很有道理。真刀真枪以命相搏的时候,合作双方必须要有充分的信任,保证信任成本最低。

所以,"兄弟连"这个名字确实道出了团队的真谛。作为突击队,战士之间一旦有了兄弟一般的情义,那么冲锋的时候,兄弟的伤亡会激起百倍的勇气和报仇的怒火,部队会变得更加勇敢;防守的时候,兄弟之间一定会互相掩护,甚至不顾个人安危掩护他人。这样的部队肯定是攻如猛虎、守如泰山。团队管理的规律之一就是:增进团队成员之间的感情可以增加战斗力!

回过头来,我们看刘备的"桃园三结义",这种结义模式,本质就是在创业之初建立感情承诺,把信任成本降到很低,确保在风险很大的事业当中,可以彼此信任、勇往直前。

第五章 和谁在一起

做大事业，是从结义开始的。也就是说，做大事业，是从建立私人感情开始的。不善于建立私人关系的人，是无法把自己的事业引领到快车道上来的。

> 爱心是情感承诺，良心是责任承诺。感情问题不能强求，责任问题必须强求。

说到这里，想提一个人物——陈世美。陈世美是一个虚构的人物，但是他活在中国人的思想当中，并且成为一种价值观的典型。陈世美是怎么死的？得到的答案基本都是一致的——这个家伙富贵忘本，抛弃了自己的老婆，所以才被包公铡了的。

但是进一步思考一个问题：一个男人变心了，是不是犯了死罪？毫无疑问，变心是要受到某种道德谴责的，但是肯定不犯死罪。就在我们身边的生活当中，变心的例子太多了。感情的事情是没办法强求的，真的不爱了，也只能分开。因此可以肯定地说，陈世美单纯变心的话是不该死的。

那么陈世美为什么必须死呢？分析一下就可以知道，这个家伙是该死的。

陈世美和自己的结发妻子秦香莲是患难夫妻，一起过了很多清苦的日子，秦香莲孝敬公婆、养育儿女、支持陈世美进修学习，付出了很多。后来陈世美进了京城中了状元当了官，又有了新的感情。这个时候，对于结发妻子秦香莲，就算是没有感情，也应该有些感恩吧。再看看陈世美是怎么做的？这个白眼狼不但不感恩，而且雇佣了杀手要杀秦香莲，更加令人发指的是，这个男人还要连一双儿女也一起杀掉。为了自己的荣华富贵，居然连自己的亲生骨肉也要杀，这样的人真的禽兽不如！

陈世美确实该杀，但不是因为他没有爱心，而是因为他没有良心。一个人没有爱心，可以原谅；但是如果没有良心，那绝不可恕。爱心是情感承诺，良心是责任承诺。在团队管理过程中，感情问题不能强求，责任问题必须强求。我们可以接受没有爱心的人，但是绝不容忍没有良心的人。因此，结义所结的，不单纯是彼此的感情投入，还有彼此对于责任的承诺。

也爱诸葛亮，也爱豹子头

说到责任承诺和情感承诺，我不由得想到了两个人。这两个人都是我喜欢的人物：一个是诸葛亮，一个是林冲。有一副对联是专门说诸葛亮的：

收二川，排八阵，六出七擒，五丈原前，点四十九盏明灯，一心只为酬三顾。

取西蜀，定南蛮，东和北拒，中军帐里，变金木土爻神卦，水面偏能用火攻。

我给诸葛亮下的定语是"诸葛亮是一位坚持做傻事的聪明人"。说他聪明是有根据的——诸葛亮有三个比较典型的聪明策略。

1. 聪明地求职

诸葛亮的祖上诸葛丰是西汉高官，世代书香门第。叔叔诸葛玄结交了刘表、袁术，后来被任命为豫章太守。由于叔叔和刘表的特殊关系，诸葛亮和姐姐弟弟一干人被刘表收留暂居荆州。当时荆州襄阳一带是豪强大姓集中的地方，有影响的四大族分别是蔡、马、庞、黄。东汉中后期，豪强势力控制地方政权，如果没有他们的支持，要想在当地站住脚并且做一番事业，是办不到的。诸葛亮是个聪明人，在一个豪强割据、专讲出身门第和等级的社会，一个没有门第后台的青年，客居他乡，纵有天大的本事又能奈何？

因此,诸葛亮花费了很多时间和精力去结交荆州地盘有影响的人物。他一方面结交同辈的朋友,包括博陵崔州平、颍川徐元直、颍川石广元、汝南孟公威等;另一方面积极接近当地的权威人士。

他首先结交的是庞德公。庞德公是东汉名士,荆州刺史刘表数次请他进府,他都没有去。庞德公的儿子庞山民,娶诸葛亮二姐为妻。诸葛亮以师礼对待庞德公,每次来访,独拜于床下。庞德公对诸葛亮的才华给予了认可,称诸葛亮为"卧龙"。得到了伯乐的肯定,诸葛亮这匹千里马才开始发光,引起人们的注意。

诸葛亮还结交了黄承彦。黄承彦是沔南名士,他对诸葛亮说:"听说你在选老婆,我有一个闺女,长相一般,头发发黄,皮肤比较黑,不过很有才华,不知道你是否愿意?"诸葛亮很痛快就答应了,于是举办了婚礼。当时的人都拿这件事情当笑话,乡里还给编了顺口溜:"莫作孔明择妇,正得阿承丑女。"假如是现代人,这个顺口溜很可能就是"诸葛亮搞对象,选了个老婆不像样"。但是很多人并没有注意到,孔明的婚姻有着复杂的政治背景。黄承彦的妻妹是刘表的老婆。这样,通过联姻的关系,荆州地方长官刘表一下变成了诸葛亮的姨父。

在积累了足够的人脉以后,诸葛亮开始了求职生涯。

首先是熟人推荐。诸葛亮的朋友圈子首先开始宣传诸葛亮,庞德公、徐元直、水镜先生司马徽、黄承彦,这些都是刘备认可的人,他们异口同声向刘备推荐诸葛亮,这就相当于口碑营销,使刘备在见到孔明之前,就已经充满了敬佩和向往。

其次是运用"三顾茅庐"的策略来考验刘备,同时也提升自己的价值。求人才就像恋爱一样,让对方太容易就得到了,对方往往就容易不在乎,所以一定要施加一点困难,以此来提升自己的身价。其实"三顾茅庐"既成全了孔明，也成全了刘备。刘备正需要人才，有了"三顾茅庐"的事例，很快天下人就会知道刘皇叔求才若渴、礼贤下士，这不但传了美名，而且会吸引更多人才。

2. 聪明地处理好内部竞争

怎样把一群英雄管住管好，调动他们的积极性、主动性和创造性，又不让英雄打架，这是现代管理过程中的一个重要课题。毫无疑问，队伍当中不可避免地会发生能人与能人、英雄与英雄之间的竞争，甚至冲突。如果不把这种竞争和冲突引导好、控制住，队伍就很有可能因为突发事件而产生重大问题。

那么如何处理好这种内部竞争关系呢？这里有六字真言：容、帮、守、分、忠、限。在刘备集团内部的同事当中，与诸葛亮存在竞争关系的有两个人，一个是庞统，一个是法正。我们先从庞统与孔明的关系来看看这六字真言的使用。

庞统和诸葛亮是可以攀上亲戚的。庞统是庞德公的侄子，而诸葛亮的二姐嫁给了庞德公的儿子，诸葛亮自己又和庞德公有师生之谊。所以可以肯定，在共同辅佐刘备成为同事之前，两个人一定是认识的。

庞统和诸葛亮不一样。首先诸葛亮小时候就很聪明，而庞统年少时却很迟钝质朴；其次，诸葛亮的相貌很好，而庞统长得比较丑。由于这两个原因，庞统一直没有诸葛亮那么受欢迎，名气也没有诸葛亮大。

刘备占据荆州以后，庞统来投奔刘备，刘备安排庞统担任耒阳县令，可是庞统表现得非常不好，政务荒疏，公事废弛，结果惹毛了刘备，被罢免了官职。同样是治理地方，诸葛亮却有完全不一样的表现。赤壁之战以后，刘备派诸葛亮管理零陵、桂阳、长沙三个地方，诸葛亮就做得很不错，受到大家的认可。

组织当中的人才一般可以分为两类：一类是创业型，一类是守业型。创业的人习惯于向外看，看市场看机会，长于宏观工作；守业的人习惯向内看，看差距看漏洞，长于微观工作。显然庞统属于前者，而诸葛亮属于兼备型的。

> 没有英雄干不成事，英雄太多容易出事。处理内部竞争关系的六字真言：容、帮、守、分、忠、限。

庞统被罢免之后，诸葛亮和鲁肃都劝刘备不要放弃庞统这样的人才，"庞士元非百里才也，使处治中、别驾之任，始当展其骥足耳"。能看清楚庞统的长处和短处，关键时刻替庞统说话，这体现了"容"和"帮"。容就是接纳认可，帮就是提供帮助。

后来，庞统建议刘备带领队伍谋取四川。其实这个计策早在诸葛亮的《隆中对》中就已经提到了。但是诸葛亮并没有和庞统争任务，而是安心守后方。刘备带着庞统前往四川建功立业去了。做好自己眼前的工作，不好高骛远，不和同事抢功，这就是"守"。两个能人不同时执行一项任务，而是各做各的事情，防止出现争斗和冲突内耗，这叫作"分"。

其实，诸葛亮在刘备那儿首先主要做的是民政工作，刘备很少让他参与军事。刘备拿诸葛亮是当萧何用的，不是当张良用的。诸葛亮很认真地履行着自己的职责，先主让管民政、守后路，诸葛亮就守后路；后主让管军事、抓前方，诸葛亮就抓前方。领导让做什么就做什么，不和同事争肥瘦，这就是"忠"。

庞统跟着刘备进兵成都，到达雒城，庞统急于建功，诸葛亮写信特意提醒他要谨慎小心。结果庞统没有听，最后中箭而死。诸葛亮是军师，庞统是副军师，借助自己职位、权力、经验等方面的优势，对对方的行动进行限制或者规范，这就是"限"。

"容、帮、守、分、忠、限"这六个方面诸葛亮都努力去做了，再加上刘备这个高明领导的默契，诸葛亮在处理与庞统的关系上表现得很好。

3. 聪明地摆正上下级关系

刘备在攻打东吴这件事情上，情绪失控，犯了战略性错误。面对刘备的错误，诸葛亮该怎么办？有人说既然诸葛亮那么聪明，什么都能看出来，为什么不拦着刘备呢？常言道："干活不由东，累死也无功。"董事长下死命令要做的事情，你一个打工的，能左右得了吗？建议可以提，但是要搞清楚自己的角色。

其实我们在工作中也经常碰到类似的情况：有一个工程师和老板一起去谈判，他发现有个技术环节出现了明显的错误，就赶紧在谈判桌上给予纠正，为公司挽回了不少损失。结果老板不但没夸奖他，还私下对别人说他这个人太狂。这就是给上级和老板提意见的难处。

在工作中，面对老板的错误应该怎么办呢？有这么几种方法：

（1）要边干边说。观点可以和上级不一致，但是工作不能停下来。不管自己的建议是否得到重视和实施，上级安排的工作都要认真完成。特别要注意的是，不能拿上级交办的事情做筹码，来个"你不接纳我的建议，我就不给你办事"，这是非常错误的。

（2）要认真执行自己不认可的决策。在决策的讨论阶段要民主，可以充分讲个人想法；但是一旦到了执行阶段，就一定要集中，步调一致，不能七嘴八舌。比如，刘备要打东吴，诸葛亮反对，但是反对无效，刘备出征了，诸葛亮认认真真做后勤保障，刘备需要什么就准备什么。讨论的时候不讲，执行时乱讲,这是干扰工作。

(3)管两头不管中间。虽然没有办法阻止行动,但是要做到事前提醒,事后帮着收拾烂摊子,把损失降到最低,这样老板自然能看到你的能力。

(4)永远都只有建议没有意见。建议是职责,是为了工作,建议是没有任何个人情绪色彩的,绝不能又哭又闹、又喊又叫。

(5)注意小场合,提建议最好一对一交流。私下提意见叫"补台",当众提意见叫"拆台"。

诸葛亮基本上把这五点都做到了,但是他却做了一件比较傻的事情,就是明知不可为而为之:辅佐一个没前途的领导,执着地反复进行把握不大的北伐。是什么力量在支撑诸葛亮这么做呢?《出师表》里把这个原因讲得很清楚:

> 私下提意见叫"补台",当众提意见叫"拆台"。

> 臣本布衣,躬耕于南阳,苟全性命于乱世,不求闻达于诸侯。先帝不以臣卑鄙,猥自枉屈,三顾臣于草庐之中,咨臣以当世之事,由是感激,遂许先帝以驱驰。后值倾覆,受任于败军之际,奉命于危难之间,尔来二十有一年矣。先帝知臣谨慎,故临崩寄臣以大事也。受命以来,夙夜忧叹,恐托付不效,以伤先帝之明,故五月渡泸,深入不毛。今南方已定,兵甲已足,当奖率三军,北定中原,庶竭驽钝,攘除奸凶,兴复汉室,还于旧都。此臣之所以报先帝而忠陛下之职分也。

诸葛亮把自己的动机讲得很清楚——"报先帝,忠陛下"。报是感动、感恩,知遇之恩不可不报;忠是承诺、责任,职责所在虽死不辞。报和忠的思想,实际上是一种价值观的认同,这是诸葛亮,也是所有在中华传统文化熏陶下的知识分子,在自己的人生和事业上所坚持的终极驱动力。

一个如此聪明的人什么看不出来?但是再聪明,看得再清楚,也坚持自己的价值观，该做的事情一定去做，明知不可为亦为之！这叫作"价值观站在自己的聪明之上"。

我还喜欢一个人，就是林冲。

"英雄脸刻黄金印，一笑身轻白虎堂。"一开始我并不明白，为什么林冲一身本领，却要一味地忍让。被高俅陷害，忍！被董超、薛霸欺负，忍！被洪教头蔑视，忍！被差拨勒索辱骂，忍！后来有个小细节启发了我——林冲张嘴闭嘴总提日后如何。

我忽然明白，他其实是在等待，等待一切苦难都过去，自己还能回到东京汴梁继续过自己的生活——做一个军队教官，有稳定的收入，和自己喜欢的女子在一起，日出而作，日落而息，闲了就散散步，看看风景，聊聊天，搞点业余爱好……作为一个英雄，林冲没有像李逵、鲁达一样拍案而起。关于贪官，关于英雄事业，关于天下，他都没怎么想。他想的，只是做一个普通人，照顾好自己身边的人，和自己爱的人在一起。即使是在被侮辱、被虐待的时候，他也没有放弃希望。他坚韧地等着，直到希望最后破灭。

喜欢林冲，首先就是因为他是一个有血有肉的人。那么有本事的八十万禁军教头，为了能圆和家人团聚的梦，什么苦都吃了，什么屈辱都忍了，可以说，林冲是一个有普通人心思、普通人想法的大英雄。

一个普通人有英雄情结很容易，但一个英雄能有普通人的心却很难得。

喜欢诸葛亮，喜欢林冲，是因为喜欢两种做人的品格——最让人敬佩的聪明，是聪明之后还做"傻事"，让价值观站在自己的聪明之上；最让人敬佩的本领，是在成为大英雄之后还受得住委屈，让情感站在本事之上。这才是真的英雄！

下一个人是谁

接班人选拔与管理工作，无论对于国家还是对于企业，都是最重要的一个问题，这是一个传承问题，没有传承就不会有发展。纵览历史，在接班人选拔与管理上，从古到今都会面临四大难题。

（1）**人去楼空，群龙无首**。领导在位的时候，领导是个好领导，企业是个好企业，所有的事情都管得非常好，做得非常到位。但是，领导从来没有想过自己会退休。结果天有不测风云，人有旦夕祸福，突然之间，领导身体垮了、病了、死了。这摊子交给谁？不知道。因为领导在位的时候没有安排。于是四梁八柱、各个下属，互相之间争权夺利，搞"群殴"。好好的一个团队，就这样垮掉了。

（2）**蜀中无大将，廖化做先锋**。为什么要选廖化当先锋？因为蜀汉五虎上将老的老，死的死，没有人了，所以只能勉强选廖化了。这实属无奈，没办法！因此诸葛亮面对的接班人计划，实在是一个无奈的计划：先锋岗位上培养了廖化，统帅岗位上培养了姜维，董事长岗位上培养了刘阿斗，看看这三个人就能知道蜀国的悲惨命运了。

（3）**赶鸭子上架，勉为其难**。唐朝的中宗李显爱做生意，当了皇帝之后，让后宫的人都扮成生意人，王公大臣也扮成商贩，在皇宫后院开设市场，他自己出好多钱，挨家买吃买喝、讨价还价，而朝廷的事一概不管。这样的人当接班人，自己的业余爱好肯定搞得好，国家的事情肯定干不好。能力、兴趣和职业根本都不相符，但还是要选上来干，结果心思根本不在工作上，该干的干不好，不该做的却做得不错。

> 接班人选拔的四大难题：人去楼空，群龙无首；蜀中无大将，廖化做先锋；赶鸭子上架，勉为其难；威信不足，四面楚歌。

（4）**威信不足，四面楚歌**。把这个人抬上来了，他坐在这个位置上也认命了。老领导在场的时候，大家也没什么意见，可老领导一撤，接班人就傻眼了，政策没人支持，说话没人听，最后政权摇摇欲坠。

所有这些难题反映出的一个问题是，缺乏接班人的培养计划。没有一开始就去培养接班人，而是把这最重要的工作扔在了一边，这是思维模式有问题。因此，做接班人的培养选拔工作，要从领导上任的第一天就正式开始考虑。

从历史的发展历程来看，选接班人有三种最典型的做法：第一种是内部选拔，从下属里选，从副总里选都可以；第二种是子承父业，从儿子、兄弟、亲属里面选，选自己家的人；第三种是选职业经理人，使用"空降兵"，从外面选。这三种做法国内的企业都有过尝试，成功失败的例子也都不少。一般来讲，国企内部选拔比较多，家族企业子承父业比较多，混合制、股份制企业"空降兵"比较多。

从一组数据中我们可以看出接班人选拔之难。专家研究发现，在接班人选拔问题上，只有30%的家族企业能完成第二代过渡。换句话说，有70%的家族企业是传不到第二代的，或者在第二代手里就败了。能传到第三代的只有13%，传到第四代的比例就非常低了——只有3%。每一次接班人的交接对企业来说都是一次重大危机。换句话说，不管你的计划做得多周密，接班人接班的时候，有七成的可能性是对方接不到接力棒，或者接力棒接到后又掉到地上了。所以接班人计划是一个关口。

中国历史上有几种比较典型的接班模式，这些模式对企业搞好接班人计划会有很好的借鉴作用。

（1）**托孤大臣式**。一个典型的例子就是周武王托孤于周公。

谈 古 论 今

武王伐纣后第二年就去世了。伐纣这件事情是文王、武王两代人花费了很多心血才操作成功的，两代领导人还没享受到胜利果实，身体就垮掉了，所以要选接班人。武王面临的问题是：是把政权交给自己的弟弟，还是交给儿子呢？

儒家讲的是"正统"，所谓"正统"就是血统的一致性，一脉相承，所以交给儿子比交给弟弟好。但那时候武王的接班人成王年纪还小，怎么办？于是武王就把自己的亲弟弟周公叫来，让他背着自己的儿子周成王上殿，然后对周公说："我的孩子就是你的孩子，希望你能辅佐他来治理天下。"后来周成王登基时也是由周公抱到皇位上去的。周公在旁边辅佐，天下大事都是周公处理的，成王只是一个符号。最后结局还不错，等成王长大以后，周公把政权交还给成王，周朝就这样延续下来了，所以说这个托孤大臣很尽职。

但是其间发生了一次重要变故。成王长大之后，武王的另外两个弟弟管叔和蔡叔就写信给成王说："我们俩也是你的叔叔，我们关心你的身体，但不干涉你的事情。你看看你这位周公叔叔，国家的事情，决策权全在他手上，什么事情都要他签字，你都这么大了，什么事还都不让你管！这国家到底是你的还是他的？"于是，谣言在京城传开了，周成王开始对周公有意见了，连着好几天没接见他。

周公听说后，就放下手头所有的事情，沐浴斋戒，到城郊外面的一个小房子里住着，什么事情也不管，以此向成王证明自己是无意于江山的。当时周公要拿成王的江山简直是易如反掌，之所以没拿是因为周公有崇高的道德原则。

第二个典型的例子是汉武帝托孤于霍光。

▪▪▪▪▪▪ 谈 古 论 今

汉武帝临死之前要传位给自己的儿子刘弗陵,也就是后来的汉昭帝。当时汉昭帝年幼,选谁来辅佐昭帝呢?汉武帝相中了奉车都尉霍光。霍光是霍去病的弟弟,跟武帝还有亲戚关系。霍光有一个特点,就是特别听话,特别守规矩。守规矩到什么程度呢?汉武帝身边的宦官和宫女发现,霍光每次进宫都站在同样的位置,仔细观察居然发现,十几年中的每一天,霍光踩的脚印都是一致的,从来不往前,也不往后。

因此,武帝非常喜欢霍光,后来把一张周公背着成王登基坐殿的画赐给了霍光,对他说:"天下的大事将来就要交给你了!"等到武帝驾崩之后,昭帝继位,霍光就把昭帝抱上了皇位,并被拜为大将军、大司马。

不幸的是,昭帝身体不好,很快就去世了。这时候又选了武帝的孙子——刘贺做接班人。结果这个皇帝上任之后除了吃喝玩乐,什么都不管。这时霍光做了一件惊世骇俗的事情——他利用手中的军权,把这个皇帝废了。当然,他不是用自己名义废的,因为这不合礼法,儒家是最恨这种事情的。董事长再烂也是董事长,你市场部总监没资格联合大家把董事长废了,不管你废得对还是错,都是做了大逆不道的事情。所以霍光在想废帝这事情的时候,汗流得把整个后背的衣服都湿透了,最终他以皇太后的名义宣布圣旨,废了皇帝。

废皇帝的时候,霍光把皇帝身边二百三十个人都抓起来,一个不留都杀了,但是没有杀皇帝,而是把皇帝贬到外地去了。这叫"剪了你的翅膀，你就不再是凤凰"。霍光把皇帝送到家里，临进门的时候，抓住皇帝的手，流着眼泪说："我在要负您还是要负天下这两个选项之间做了痛苦的选择。可以有负于您，但是我不敢有负于天下，因为先帝把辅佐重任交给了我。虽然您现在不是领导了，但是咱们还是朋友，还是同事，以后您有什么困难还可以来找我，我还可以帮您办事。"

把这个皇帝送走之后，立刻有大臣上书斥责霍光以大臣的身份擅决废立，这不是汉家之福！其实想想也是，如果你的公司雇了一个职业经理人或者市场总监，他能决定谁当董事长，尽管他自己保证说绝不做错事，但是你能放心吗？万一他选择错了呢？万一他有私心呢？幸好霍光没有私心，但是问题出在霍光的下一代上，霍光的儿子闺女们是有私心的。霍光的下一代利用权力，要跟皇帝分庭抗礼，甚至毒杀皇太子，结果霍光死了之后，霍家后人被满门抄斩了。

托孤大臣模式的优点在于：领导年幼时，有一个位高权重的人能够帮助他尽快进入角色，完成过渡。

托孤大臣模式的危机就在于：领导年幼，孤立无援，大臣有势力有党羽。选的这个大臣有多可靠？不知道。其实这就是押宝！就是在赌"托孤大臣"这个人的道德观和思想境界，拿你的事业和接班人的前途在赌。你唯一的指望就是这个人道德自律。但是，这个人表现出来的道德修养是真的还是装的，谁都说不清楚，不依靠制度而相信道德，这样做风险很大。而且历史上的托孤大臣，往往在皇帝成年之后会遭受猜忌，有好下场的不多。

> 接班的五大模式：托孤大臣式、垂帘听政式、群子竞争式、武力夺权式、权臣拥立式。

（2）**垂帘听政式**。依靠母系家族的力量，由母亲或者祖母辅佐皇帝。

比如康熙和孝庄太后，还有光绪、同治和慈禧太后，都是典型的垂帘听政模式。垂帘听政模式的好处在于，都是自己人，一家人有亲情关系，感情上可靠一些，彼此比较了解，容易沟通。

垂帘听政模式的最大危机在于两条：第一，虽然是亲妈，但亲妈有娘家人——有舅舅、有姥爷，容易让外戚夺权。毕竟一个人是正人君子，不能保证他的三亲六故都是正人君子。第二，垂帘听政的帘一旦垂下来了就不愿意收回去，听政最后往往变成把政。为了保持政权一直在自己手里，垂帘后的人希望帝子前的人永远不要长大，必要时可以除掉再换一个年纪小的。

（3）**群子竞争式**。康熙有很多儿子，儿子多了有好处，因为选择的面会广一些，可以选出更好的人来掌管天下。康熙自己是从大臣托孤和祖母辅佐两个模式中过来的人，他深知其中的艰难，所以他希望自己的接班人能很强势，上来就可以掌握局面。所以他的办法就是让儿子们都参与管理，让他们之间竞争，谁脱颖而出，谁最棒，谁就当太子。这也就是我们常讲的，相马不如赛马，拉出去跑一跑就知道谁最好。

可与此同时，问题也出来了，儿子们各拉一派，朝廷里面党派纷争，钩心斗角。我们可以设想一下这样的情景：公司为了保证接班人的出色，搞了六个副总做接班的候选人，老总说："争去吧！谁最好，我就把这位置让给谁。"于是公司一下就分成了六股力量，钩心斗角。接班人还没选定，队伍就已经垮掉了。所以群子竞争模式最大的问题就是派系斗争。自己人跟自己人斗，接班人还没选出来，队伍先出了问题。

（4）**武力夺权式**。最典型的是唐太宗李世民。

李世民是老二，老大是太子李建成。皇帝很喜欢李建成，他的力量也很强。那李世民怎么办？他做的一件事就是培植自己的势力。李世民在外面带兵打仗，收了瓦岗寨英雄为己所用，最后成功地搞了玄武门之变。位置不是我的，那我就和你拼硬的！枪杆子里出政权。

李世民给了我们一个重要启示：实力很关键！有实力就有位置，没有实力，就算有了位置也会被别人抢走。你选了一个人，他确实有才华、有道德，但就是没实力，那你把他搁在这个位置上，就跟把一片树叶搁在地上一样，一阵风就能吹走。所以培养接班人最重要的一条是：在他坐上这位置之前就给他足够的实力。不能把树叶放在领导位置上，要把一个千斤秤砣放在这个位置上，而且不能等接班人坐在这个位置上再变成秤砣，要让接班人在坐上这个位置之前就变成分量足够的秤砣。

李承乾被废，李世民要选最懦弱的李治做接班人。给一头猪插上翅膀，它能像鹰一样飞吗？恐怕是不能的！所以最好的办法是让猪具备鹰的实力，而不是指望猪变成鹰。李世民也给李治选了一个实力很强的班子，选的太子太师是长孙无忌，太子太傅是房玄龄，太子少保是萧瑀，这样太子周围的事情就有人管了，太子势力就形成了，最牛的人都安排到太子身边去了，太子自然就牛起来了。所以给接班人选羽翼特别重要。

（5）**权臣拥立式**。最典型的是秦二世胡亥。

实际上，秦始皇选的太子是大儿子扶苏。但是扶苏在外，胡亥在内，扶苏及其最主要的支持者都远在千里之外的大漠。嬴政没想到自己会有事，也没有提前做准备，他写遗诏说传位给皇太子，写完就死了。

奸臣赵高拿着圣旨来找丞相李斯，说："丞相啊，要接班了！圣旨在我这儿。"李斯一看："噢，选了扶苏，那行啊！咱们去迎太子吧。"赵高见周围没人，把门关了，对李斯说："丞相，有一句话，一朝天子一朝臣，扶苏要是上来的话，你这丞相的位置就要换人了，我这内廷总管的位置也要换人了。"李斯叹口气："这是没办法的事啊！"赵高说："有办法。为什么他要换人？那是因为咱们对他既无恩也无用，只要对他既有恩又有用，他就不换咱们了！"李斯说："现在来不及了。"赵高说："来得及！咱们现在先换皇帝不就行了？天下不是老二的，但是可以通过咱们的运作把天下交给老二！他感谢咱们，咱俩这位置不就保住了？"

结果李斯脑子里想的就是"人不为己，天诛地灭"。于是他和赵高合谋把扶苏改成了胡亥，紧跟着第二道圣旨，要求扶苏和他的主要支持者蒙恬等大臣自杀。结果胡亥上台了。本来看到自己没戏的胡亥，一看赵、李二人把自己扶上去了，马上给赵高和李斯加官晋爵。这就是权臣拥立模式。

这种模式下，要防止手下有位置、有分量的人干涉接班人计划。因为他会担心一把手选的这个接班人上来之后用自己的班底，他希望给自己的将来留条后路。这种倾向是很可怕的。历史一再证明，在接班人在外、权臣在内的模式下，一定会在接班的时候出问题。所以领导交权的时候，接班人一定要在眼前。另外，要给有位置、有实力的人一个稳定可靠的职业承诺，否则权臣在职位稳定性出现威胁的时候，照样会利用自己的力量改变政治格局。那时候，接班人就很危险了。

这里我们总结出一些历史经验：

（1）靠别人不如靠自己。为什么托孤与垂帘这么容易出问题？早在秦始皇时期，法家的创始人韩非子就说过：一个大领导在位，要想安稳就必须有三个字——法、术、势，要是没有了这三个字，位置就会丢了。孔子说一个领导在位，要有一个字——正，没有这个字，位置就会丢了。孔子说："政者，正也。"要有正气，道德自律，也就是说你要有自身的道德约束和人格魅力。

"法、术、势、正"这四个字就概括了核心。孔子讲的是道的问题，韩非子讲的是谋略技巧的问题：第一要有制度，第二要有谋略，第三要有实力。缺少任何一条，都坐不稳领导的位置。

所以韩非子评价托孤与垂帘时说了一句话："借权在外，祸乱始生。"权不是他的，你托孤给他，实际上就是把权力暂时借给他，你期待的是将来你儿子长大了他再还给你儿子。权力这东西，当借的时候，他不知道有这么好用。虽然连将来还给你儿子的欠条都打了，但是当他用上十年、二十年，借东西的时间长了，借东西的人也就忘了，就觉得这东西是自己的了，再还给人家的时候他就难受了。所以把权力借给下边的人是很危险的，不要轻易借，好借不好还的！

（2）**有实力、有势力才有位置**。如果真的要选一个接班人，就要早培养，要给他寻师觅友，要给他搞"太傅太师太保"制度，要给他选些能人以辅佐。

（3）**要有接班人计划**。要有些传承的措施，要早点培养，让接班人在你的羽翼下逐渐成长，将来再放出去经历风雨。

（4）**太子容易成为众矢之的**。这就好比大家在争一颗巨大的宝珠，所有人彼此都是对手，但是大家有一个共同敌人，是谁？宝珠在谁手里，大家就结盟，先把他搞掉。所以宝珠就是个烫手的山芋，放谁手里谁死得快。

所以从这个角度来讲，太子往往成为众矢之的，所有的人都会跟太子耍阴谋，进行栽赃陷害。如果你轻而易举选了一个接班人，在他还很微弱、势力很小的时候，全单位所有想当接班人的人都恨死他了。处处都是阻力，人人都是敌人。特别是你手下那些四梁八柱，白的黑的都会说他坏话，早晚有一天他会出局的。

在这个问题上，康熙做了一个决策：选出太子，但是不公开答案。我知道选谁了，但是为了保护这个人，我不把结果公布得太早。虽然我已经选定了，但是我还是指定几个候选人，让你们自己去练，一直到时机差不多的时候再公布答案。我公布答案的时候，接班人的羽翼已成，坐在这个位置上有力量了，也不怕别人打了。从这个角度来说，不能只选一个接班人，而要选好几个，分散一下火力。即使你已经心里有数了，为了保护他，也得分散一下。

以上四点历史经验是我们的企业家在选接班人的时候值得借鉴的。

我们把企业分为家族企业和非家族企业。影响非家族企业选接班人的因素有以下几个方面：

（1）**群众满意不满意**。这是最大的影响因素。非家族企业中有55%的接班人是因为群众不满意而被换下去的。在中国，群众力量是一股独特的力量。人民群众是历史的创造者，你是历史的一部分，他就能创造你；你要得罪了群众，那你就完了，说拿下就拿下。所以非家族企业，领导被换下去，接班人上台，大多是因为群众不满意。出色的干部往往都是善于处理群众意见、善于搞好干群关系的干部。

（2）**上级满意不满意**。上级要是对你不满意，十有八九你上不去，或者上去了也得下来。

（3）**业绩满意不满意**。业绩差，即使董事会满意，群众满意，因为没有说服力，最后也必下无疑。所以坐在领导位置上，先要做一个好人，让群众满意，让上级满意，然后要做能人，用业绩说话。把握住这两条就好办了。

> 影响非家族企业选接班人的三个因素：群众满意不满意、上级满意不满意、业绩满意不满意。

具体操作过程中，要遵循两个规律。

规律一：CEO的权势越强，被换掉的概率就越小。在对很多非正常的领导人更替进行分析后，我们发现那些实力强、有班底的人，常常是不容易被撤换的。不过对企业来讲，这可能不利于企业发展。这是个辩证问题。

我们不妨做个比喻，有的企业是汽车，有的企业是马车。汽车和马车的区别在于：汽车的驾驶员可以换，选的司机只要技能娴熟，上了汽车就能开；而马车就不一样了，马认人，只要换了车老板，这马就不走。所以很多权势超强的CEO就把一个"汽车型"的企业硬做成"马车"。一换"马"就不走了，我就让你没办法换我。所以要看清楚你的企业是汽车型还是马车型的。

规律二：权力大的CEO在选接班人时，更愿意选跟自己一样的人，喜欢复制自己。 越是有权势的人，越是愿意复制自己。在激烈的权力斗争中，在选接班人的过程中，双方会由于权力斗争造成情绪冲动，大家已经没有别的想法了，唯一的想法就是复制自己。董事会和总经理——所有者和经营者博弈，看看选谁当接班人，所有者可能选一个跟自己像的人，经营者可能选一个跟自己像的人，这叫"一致性的复制"。这样做有利也有弊，但是利不多，弊还是挺大的。

> CEO的权势越强，被换掉的概率就越小。权力大的CEO在选接班人时，更愿意选跟自己一样的人，喜欢复制自己。

影响家族企业选接班人的因素有四个：

（1）个人的兴趣和愿望。你想选某人当接班人，可是人家愿不愿意当老总？这个是决定因素。你再愿意选，人家不愿意干，也是徒劳。

例如，当年IBM老板托马斯·沃森要把自己的企业传给儿子小沃森。进入IBM公司，一年三百六十五天，只有元旦这一天，小沃森在企业把这一年要做的事列个表，安排几个助手，然后就从财务科提一笔钱溜出去了，剩下的三百六十四天就在外面花天酒地，根本不管公司的事情。一直到后来小沃森参加了"二战"，经历了战火的洗礼，才有了做一番事业的雄心壮志，最终接手IBM。

所以在培养接班人的时候，首先要培养他对事业的兴趣，否则他就是活受罪。

（2）外部机会。越是外部机会大的子女，就越不愿意接受自己家的家族企业。因为外部机会太多了，外面的世界更精彩，他总觉得自己应该出去闯一闯。人只有超越了才能超脱。

佛祖为什么能成佛？乔达摩·悉达多原本是太子，娶了全国最美的几个美女，生活在王宫里，不愁吃，不愁穿，锦衣玉食过了二十多年。他已经超越了繁华，所以他能超脱。

泰戈尔有一句诗说得特别到位："我们之所以一次一次地离开，就是为了一次一次地回来。"确实，如果不离开，永远不知道回来的宝贵；不离开家庭，永远不知道家庭的温暖；不离开父母，永远不知道父母的好。所以要先把他放出去，让他多看看花花世界，他才能知道自己应该选择什么，回来之后就好了。

> 影响家族企业选接班人的四个因素：个人兴趣和愿望、外部机会、企业前景、个人的外部压力。

（3）**企业前景**。如果不相信企业有美好前景，接班人也不会留下来。所以你要给他"画饼"：咱这企业眼前只是一个小烧饼，但是过几年后能做成全世界最大的烧饼。很多人倾向于痛苦教育、挫折教育，讲人世的险恶、企业的艰难、经营的不容易，你声泪俱下，满足了自己的申诉欲，却把接班人吓跑了。所以你给孩子讲未来时要"二八开"，八成讲好处，两成讲难处。否则，没有前景，他就不愿意留下来了。

（4）**个人的外部压力**。接班人在外面遇到的挫折越多，回来接手家族企业的可能性就越大。研究发现，失恋的孩子愿意接班的多，创业失败的孩子愿意接班的多，出去旅游被骗的孩子愿意接班的多。在外面受到了挫折，对家族企业的认同感就会加强，没有挫折感的孩子往往不会珍惜眼前的机遇。

这是四大影响因素。从具体情况来看，男孩子比女孩子更愿意接管自家的家族企业，独生子女比非独生子女更愿意接管自家的家族企业，企业规模大的时候，子女们更愿意接管自家的家族企业。

长话短说

本章主要讲的是选团队成员（包括选接班人）的问题。

"桃园三结义"，这种结义模式，本质就是在创业之初建立感情承诺，把信任成本降到很低，确保在风险很大的事业当中，可以彼此信任，勇往直前。

做大事业，是从结义开始的。也就是说，做大事业，是从建立私人感情开始的。不善于建立私人关系的人，是无法把自己的事业引领到快车道上来的。

一个普通人有英雄情结很容易，但一个英雄能有普通人的心却很难得。

喜欢诸葛亮，喜欢林冲，是因为喜欢两种做人的品格——最让人敬佩的聪明，是聪明之后还做"傻事"，让价值观站在自己的聪明之上；最让人敬佩的本领，是在成为大英雄之后还受得住委屈，让情感站在本事之上。这才是真的英雄！

在接班人选拔与管理上，从古到今都会面临四大难题：（1）人去楼空，群龙无首；（2）蜀中无大将，廖化做先锋；（3）赶鸭子上架，勉为其难；（4）威信不足，四面楚歌。

中国历史上有几种比较典型的接班模式：（1）托孤大臣式；（2）垂帘听政式；（3）群子竞争式；（4）武力夺权式；（5）权臣拥立式。影响非家族企业选接班人的因素有以下几个方面：（1）群众满意不满意。（2）上级满意不满意。（3）业绩满意不满意。所以坐在领导位置上，先要做一个好人，让群众满意，让上级满意，然后要做能人，用业绩说话。

影响家族企业接班人的因素有四个：（1）个人的兴趣和愿望。（2）外部机会；（3）企业前景；（4）个人的外部压力。

第六章 能人如何不吓人

能人要想不吓人,就必须要搞好忠诚度管理。越是在软弱而无原则的领导手下做事情,越是要掌握忠诚度管理的策略和技巧,否则只能是连人带事业都被葬送掉。

第六章
能人如何不吓人

事　典："莫须有"罪名
时　间：南宋绍兴十一年
地　点：南宋都城临安（今杭州）
对话者：韩世忠、秦桧
出　处：《宋史·岳飞传》

> 狱之将上也，韩世忠不平，诣桧诘其实，桧曰："飞子云与张宪书虽不明，其事体莫须有。"世忠曰："'莫须有'三字，何以服天下？"
>
> ——《宋史·岳飞传》

想从一个人说起，其人名吴激（1090—1142年），字彦高，号东山，建州（今福建建瓯）人。靖康二年（1127年），使金被留，官至翰林待制。《金史》卷一二五有传。据记载：一次吴激在张侍御家饮酒会宴，座中发现一位歌妓原是大宋皇室之后，如今流落异乡沦为歌妓。座中诸人感慨万千。吴作为一个南朝旧臣，更是唏嘘不已。吴激写出了备受后人称赞的一首《人月圆》。词曰："南朝千古伤心事，犹唱后庭花。旧时王谢，堂前燕子，飞向谁家。恍然一梦，仙肌胜雪，宫髻堆鸦。江州司马，青衫泪湿，同是天涯。"

在这首词的背后，有一段悲惨的历史。靖康元年（1126年）闰十一月，如狼似虎的金兵攻占了汴梁（今河南开封），古老而美丽、号称当时世界上最繁华都市的汴梁城陷入了浩劫。金兵在次年三月退兵之前，极尽所能，对这座向往已久的城市进行了洗劫。游牧民族作为占领者，最令其向往的战利品莫过于金银和美女。

金人李天民在《南征录汇》中对当时的情况做了记载。金兵要求宋朝支付天文数字的犒军费，看到北宋政府无力支付，金兵提出可以用美女来顶金银，并且开列了价码。

北宋的开封府（这个不久前曾经是包拯坐堂、三侠五义威风八面的部门）具体承担了为金兵收集和盘点进贡女子的任务。这是一个多么耻辱的任务！具体的数字让人震惊。跟皇族有关折价比较高的女子：妃嫔83人，王妃24人，公主22人，嫔御98人，王妾28人，宗姬52人，御女78人，近支宗姬195人。其他女子：族姬1 241人，宫女479人，采女604人，宗妇2 091人，族妇2 007人，歌女1 314人，贵戚、官民女3 319人。送给侵略者用来抵押折价的女子竟多达11 635人！其中大多不到20岁。

随后，开封府还专门撰写了记录这些女子姓名、年龄的简历簿，供侵略者查阅。难以想象，具体负责这项工作的官吏是以怎样的心情、怎样的感受去写下那些年轻女子美丽的名字和如花似锦的年龄的。那些大宋的男儿，那些和武松、鲁达、三侠五义同时代的男人，是如何拿着本应上阵杀敌的武器，押送着自己的妻女走向敌营的。

可怜一个王朝以及它的男人们，在侵略者面前，居然只能用柔弱的女子去换取自己的苟活。而那些女孩子们，有的死在北去的路上，有的被强暴后遭残杀，死亡率高达50%，活下来的人在受尽凌辱后被卖为娼，那些被金人看中为妾为婢的已经算是烧高香了。这其中有大量的王室公主、官家千金，其中也包括宋徽宗的亲生女儿。

你是否可以想象八百多年前的那个夜晚，空气中充满了惊恐的尖叫和

第六章
能人如何不吓人

刺鼻的气味，繁华的城市在燃烧，盛装的女子满面泪痕，像羊群一样等待宰割，任何的反抗都带来杀戮，锋利的铁刺穿透年轻而丰满的胸口，捆绑和鞭打交加在华丽的宫装上，殷红的血、哀怨的眼睛、美丽的脸庞、闪亮的弯刀和占有者的兽性组成了那一晚的画面……亲人在哪里？国家在哪里？正义在哪里？只有风。

这个场景，仅仅是金兵劫掠开封的一个小小的画面；劫掠开封也仅仅是二十年间金兵对众多北宋城市进行烧杀抢掠的一个小小的画面。

今天手捧《满江红》，你可能佩服岳飞的豪情勇气或者文采，可是你是否想到，八百年前，岳飞是怀着怎样的悲愤写下"怒发冲冠凭栏处"，写下"靖康耻，犹未雪"的，岳家军是怀着怎样的仇恨面对强敌血战到底誓不回头的。八百多年过去了，时间淹没了历史，淹没了曾经的苦难血泪和慷慨悲壮。可是，八百多年后的今天，在凌晨的寒夜，在北京城的一个小小的角落，当我从纷纷扰扰的生活中回过头面对这段历史的时候，依然能感觉到自己胸膛里翻滚的热血，沸腾的斗志和拍案而起的冲动。我相信，八百多年前，当岳飞在太行山麓，不顾身上十多处创伤，抱定以死相拼的决心，单人独骑，靠手中一丈八尺的铁枪杀退金兵的时候，他胸膛里的热血更加沸腾，心中的义愤喷发得更加猛烈。

《宋史》记载，岳飞"从王彦渡河，至新乡，金兵盛，彦不敢进。飞独引所部鏖战，夺其纛而舞，诸军争奋，遂拔新乡。翌日，战侯兆川，身被十余创，士皆死战，又败之。夜屯石门山下，或传金兵复至，一军皆惊，飞坚卧不动，金兵卒不来。食尽，走彦壁乞粮，彦不许。飞引兵益北，战于太行山，擒金将拓跋耶乌。居数日，复遇敌，飞单骑持丈八铁枪，刺杀黑风大王，敌众败走。"

就是这样，靠着燃烧的仇恨、战斗的勇气和过人的胆识，岳飞和他的子弟兵纵横天下，令金兵望风而逃。可是岳飞的胜利没有持续，他自己也成了这份胜利的牺牲品。赵构和秦桧终结了岳飞的辉煌北伐，终结了被欺压者的复仇之路。

面对这段屈辱和仇恨，即使时隔八百多年，我们依然忍不住拍案而起。可是，生活在当时，作为亲历者和受害人，赵构的父兄母后被俘虏，亲生姐妹结发妻子被凌辱；秦桧被抓作俘虏，亲身经历了苦难和悲惨，成为南宋大臣里少有的见证"靖康之难"全过程的人，在那一幕一幕的惨剧面前，他们的心中是否也曾腾起与敌人决一死战的热血豪情？他们到底依靠什么力量让自己恢复了平静甚至保持了麻木呢？是他们太软弱了，还是他们太"强大"了，我没有想清楚……

千古忠诚说岳飞

岳飞是发自内心感激赵构的。绍兴元年（1131年）到七年，南宋主战派掌政，宋高宗破格提拔将帅。岳飞快速升迁，后来居上，在很短时间内就成为与韩世忠、张俊、刘光世、吴玠并列的大帅，对于高宗的知遇之恩，岳飞是非常感激的。这种感激在他写的《乞出师札子》中表现得淋漓尽致："陛下录臣微劳。擢自布衣，曾未十年，官至太尉，品秩比三公，恩数视二府。又增重使名，宣抚诸路。臣一介贱微，宠荣超躐，有逾涯分。"

确实，从岳飞的资历和出身看，他所获得的提拔是有逾常人的。岳飞先后有四次从军经历。第一次是宣和四年（1122年），岳飞二十岁，从军真定，任小队长，带兵首战告捷，活捉贼首陶俊、贾进和，因功补承信郎。

第六章
能人如何不吓人

同年十二月二十一日父岳和病故,回乡守孝。宣和六年(1124年),岳飞二十二岁,第二次从军,参加了保卫太原的战斗。靖康元年(1126年),岳飞二十四岁,因功被提为偏校,进义副尉,后因丢失告身文书离开部队。同年十月,岳飞第三次从军,进相州兵马大元帅赵构军中。这次他带兵奇袭吉倩,一举招降了三百八十名游寇,得到了赵构的赏识,补承信郎,接着大败金兵,杀金军枭将,转保义郎。在滑州杀败金兵再立战功,迁秉义郎。靖康二年(1127年),岳飞转入宗泽部,在开德曹州(今山东菏泽)大破金兵,因功转武翼郎;同年七月,岳飞向皇帝上了一道奏章《南京上皇帝书》,主张北上抗金而得罪了主张南逃的黄潜善、汪伯彦,被罢官离队。

路上,岳飞碰上了河北招抚使张所招兵,这是岳飞第四次从军。借补修武郎,充中军统领。随后,岳飞在收复新乡的战斗中,活捉金军千户阿里索,进战太行山,击垮了金军万户王索的反扑,因战功突出转武功郎。建炎二年(1128年)春,岳飞转入开封宗泽部,带兵一战氾水关,二战竹芦渡,接连克敌取胜,宗泽提拔岳飞为统制官。宗泽死后,接替宗泽的杜充治军无能,部下王善举兵数万叛乱,岳飞仅以二千兵力,平叛于南熏门,转武经大夫。建炎四年(1130年)春,岳飞向宜兴移营,平定了太湖流寇郭吉、戚方,在常州阻击金军,四战四捷,清水亭一仗杀得金兵横尸十五里,斩获金军大小军将首一百七十五颗,在建康南面的牛头山设下伏兵痛击金兵,接着于当年六月收复了建康,并北渡长江,收复了泰州、高邮等大片失地,岳家军威名大振,百姓感恩岳飞,在靖江为他建了生祠祭祀。宋高宗授岳飞武功大夫、忠州防御使。

在经历了四次曲折之后,岳飞终于成为一名高级将领。随后在内部平叛战场上,岳飞也是功勋卓著。绍兴六年(1136年),高宗给了岳飞任免湖北地方官员的巨大权力,封少保,由侯爵晋封公爵。这段时间,飞数见帝,论恢复之略。帝答曰："有臣如此，顾复何忧，进止之机，朕不中制。""中兴之事，一以委卿。"可以说，写《满江红》的那段日子，是岳飞职业生涯中与领导关系最和睦的蜜月期。但是甜蜜的日子并没有维持多久，高宗的猜疑和岳飞的不满就发生了。

绍兴五年（1135年）六月，岳飞平定了杨么起义，后移军襄阳，任武胜定国军节度使、湖北京西路宣抚使。次年三月十六日，岳飞年近七旬的母亲姚太夫人病逝于鄂州军营，四月岳飞扶灵上庐山葬母，五月返回军营，七月底从襄阳北伐，直取中原，但因得不到高宗的支持，被迫撤军。高宗本来许诺要把王德、郦琼两支精锐部队划归岳飞指挥，增加其北伐实力，也无缘无故取消了。岳飞既无奈又愤慨，便放弃了兵权，为母亲守丧去了。

绍兴八年（1138年）十一月，岳飞用反间计废除了金人扶立的刘豫傀儡集团，为北伐做好战略准备。同年十二月，岳飞多次上书高宗反对议和，痛斥秦桧的投降主张。绍兴九年（1139年），岳飞授开府仪同三司（一品官）的最高官阶。绍兴十年（1140年）夏，金人撕毁和约南侵，岳飞奋起抗战，大破金兵，并在郾城大捷中粉碎了金兵"拐子马"不可战胜的神话，朱仙镇大捷后连金兀术也不禁叹呼："撼山易，撼岳家军难！"正当岳飞所向披靡，抗金取得节节胜利之际，宋高宗连下十二道金牌，强令岳飞班师。

绍兴十一年（1141年）四月，秦桧为剪除和谈障碍，指使万俟卨上章诬蔑一贯主战的岳飞"谋反"，收买张俊做假证；十月，将岳飞父子和部将张宪关进杭州大理寺。绍兴十一年十二月二十九日（1142年1月27日），赵构、秦桧以"莫须有"的谋反罪名，将岳飞父子和张宪杀害。岳飞临刑前挥笔写下"天日昭昭，天日昭昭"八个大字。可以看到，其实杀岳事件，高宗是主谋，秦桧顶多算是个不谋而合的帮凶。岳飞和宋高宗发生矛盾的过程是一个有着很多微妙情节的过程。

第六章
能人如何不吓人

有一点可以肯定，岳飞当年是遇到了自己没有料想到的难题，甚至这些难题中的一部分，他直到自己被杀时也没有真正意识到。

作为一个武将，在岳飞就业的"公司"——南宋王朝，干事业必须要注意两个重要的外部条件：

（1）**公司的基本政策导向是抑制武将**。岳飞之死，根源在宋朝开国皇帝赵匡胤那里。这位老大黄袍加身当上了领导以后，深刻地认识到一个问题——有实力指挥枪杆子又有威望的人，要夺权实在是太容易的事情了，所以他开始担心自己的下属会复制自己的成功模式，也来个冯桥、楚桥、魏桥一类的兵变。

所以，宋朝的基本国策就是防武将不防文官。到了南宋高宗这朝，各个大将都坐镇一方，岳飞、韩世忠、张俊这些人手里都有兵权，而且在队伍中又有威信，高宗已经感觉到危险了。特别是岳飞，年轻气盛，名满天下，人气正旺，还有一帮铁哥们，这帮铁哥们不知道有皇帝，但是特服岳飞。的确，像岳飞这样手握重兵的武将，是皇权的巨大威胁，只要他们愿意，推翻南宋小朝廷并非难事。

（2）**高宗赵构缺乏自信、性格软弱**。遇到一个不自信的领导，本身就是很麻烦的事情。你不做，他不开心；你做了，但是做不到，他很不开心；你做了，做到了，他也不开心。

岳飞面临的就是这样的一位领导。高宗赵构是作为靖康之难后仅存的皇子，在没有任何竞争对手的情况下走上领导岗位的。可以设想，如果没有这场战争，这位仁兄可能根本没有机会当皇帝。自从当上领导便屡受惊吓，先是来自敌人的惊吓，以致惊吓过度失去了生育能力；后又遭受自己人的惊吓——御营军官苗傅、刘正彦举兵起事，逼迫高宗退位，并加以软禁，若没有张俊、韩世忠、刘光世等人，领导权几乎就被颠覆。在这样的惊变之后，赵构肯定对武将更加猜疑和担忧。

在这样的公司和这样的领导手下做事情，那肯定是很艰难的。除了干事业，还必须拿出相当一部分时间树立形象、维护关系和表达忠诚。有四个基本问题一定要处理好：第一是让权不让权，第二是听话不听话，第三是闪耀不闪耀，第四是依赖不依赖。

那么岳飞又是如何处理的呢？

（1）能人又是"牛人"，让领导不放心。

有本事的人不听话，关键时刻还讲条件、耍态度，这是岳飞被杀的第一个原因。

岳飞和高宗两人关系的转折是在绍兴七年（1137年）春。高宗本已慷慨允诺岳飞指挥除韩世忠和张俊以外的各军，大举北伐，却因张俊和秦桧的说服，取消成命。岳飞愤慨辞职，为亡母守孝。高宗派人请岳飞出山，岳飞坚辞不就，高宗一连发了三道诏书，拖了六天才把岳飞劝了回来。

我想，这个时候的岳飞是企图用这种赌气的方式来唤起皇帝的觉悟。但是，此举可以说是在大敌当前的情况下，摆明了要挟皇帝。这件事皇帝表面上是宽恕了岳飞，其实他这口气实在难以下咽。后来岳飞向赵构谢罪时，赵构说：对于你的轻率举动，我并没生气，要不然，必有惩处。这就是太祖所说的"犯吾法者，惟有剑耳"。这句话不软不硬，杀机四伏。可以说岳飞的不听话、不服从已经给君臣关系和自己的命运蒙上了阴影。

> 要处理好四个基本问题：让权不让权、听话不听话、闪耀不闪耀、依赖不依赖。

（2）能人又是"名人"，让领导不开心。

宣传自己过度，超越了应有的角色，这是岳飞在做事业过程中一个不应有的疏忽之处。岳飞太想做事业、立功名，但忘记了背后还有赵构一双审视的眼睛在时时关注着他。岳飞的部队叫"岳家军",这本身就是个大问题。试想,领导出钱,给职位,给资源,给任命,让你来指挥,而你成立的军队却叫"岳家军",这不等于心里没有上级,没有公司,只有自己吗?

事实上,南宋初年,确实由于军事作战需要,很多领兵的大将都坐镇一方,招兵买马,恩威并施,国家的队伍就跟自己家的队伍一样。士兵只听将军的,不听朝廷的。而岳飞的部队所向披靡,每次收复河南失地,老百姓箪食壶浆,来慰问感谢,感谢的是岳飞,感谢的是岳家军。这里边根本没有皇帝什么事儿。

这就好比公司业绩飙升,开个记者招待会,旁边新任命的市场部负责人被记者团团包围,在闪光灯下侃侃而谈,使劲宣传自己获得满场喝彩;领导往那儿一坐却没人搭理,根本没有领导什么事儿,你说旁边的领导该是什么心情?这叫"功高盖主,势大压主",犯了大忌。

(3)能人又是"直人",让领导不省心。

岳飞听说金朝打算扶立宋钦宗的儿子当傀儡,就上奏建议丧失生育能力的宋高宗设皇储。宋高宗立即驳回,说武将不应干预朝政。岳飞北伐不成,到首都见到了皇子,高兴地说:"国家得到了好领导啊,北伐中兴的大业,就要靠您了。"赵构本来就心虚,之前已经有武将拥立太子废除自己的先例了,这次,实力更强的岳飞起劲地夸皇子,参与接班人事宜,让赵构心惊肉跳。特别是岳飞坦言:中兴的基业,就在这个新领导身上了!这句话里包含着对目前领导的间接否定和对未来领导的期待,令赵构更加不安。在皇储问题上,岳飞的坦诚犯了大忌!

(4)能人又是"贤人",让领导不安心。

岳飞做事业太无私了,把公司的事业当成自己的事情,全身心投入,对上级没有任何要求。这种完美到没有缺点的人反倒让领导害怕。

历史上的岳飞的确是既不贪财，也不好色，还滴酒不沾。有人要送美女给岳飞，被他退回；年轻时岳飞喜欢喝酒，皇帝劝了他一次，他从此就滴酒不沾；皇帝要给他盖房子，他不要，还说"敌未灭，何以家为？"又说"文臣不爱钱，武臣不惜死，天下太平矣。"

这样一个不爱钱、不好色、不好酒、不置家产、不怕死的人，图的是什么呢？难道图我的江山？这让赵构心里害怕。忠诚度的核心就是相互的依赖感，而"无欲无求"恰恰影响了这种依赖感，所以反而遭人怀疑，这是岳飞犯的一个错误。水至清则无鱼，有本事的人如果让别人失去了这种依赖感，那么怀疑紧跟着就来了。

（5）能人又是"犟人"，让领导不顺心。

对武将的猜忌和防范，向来是赵宋恪守不渝的家规。宋朝政治制度的一大特点，就是实行重文轻武，以文制武，使武将受制于文官。只要武将功大、官高而权重，就意味着对皇权构成威胁。南宋初，不得不提高武将的权力和地位，这在宋高宗和文臣们（既有投降派，也有抗战派）看来是权宜之计，一直抱着且用且疑的态度。

赵构在绍兴七年（1137年）以后，逐步坚定了以战促和的决心。高宗为了取得武将对"议和"的支持，特别赐予刘光世、张俊、韩世忠三大将新的封号和官爵，并提升岳飞为开府仪同三司。升迁本来是件求之不得的好事，然而固执的岳飞坚决不接受，皇帝委曲求全，连下三道诏书，他才接受。

但在接受的同时，岳飞自己也连续上表，提出形势不容乐观，应加紧训练士兵，以备不测。他要求皇帝出兵北伐，以便"保全臣节"。如此不识抬举，不理解领导意图，确实有点激怒赵构。就在岳飞最后一次北伐前，他还反复叮嘱岳飞不可反击过界，北伐目的在于"有限反攻，以战求和，不要全线追击"。

第六章
能人如何不吓人

今天看来，高宗这样做有多重目的：一是不要招致强敌反攻，以乱议和大局；二是不要孤军深入，以防寡不敌众；三是防备岳飞积累太多政治资本，以威胁皇位。显然，岳飞没有看到这步棋，他一打起来就不回头，这完全与皇帝的旨意背道而驰。而金兵对岳飞早已是闻风丧胆，就向宋朝放话要挟：如果想议和，必须杀死岳飞，否则将吞并宋朝。

据说当时有两个小道消息促成了皇帝杀岳的决心：第一是说，岳飞三十出头就当上了节度使，岳飞有一句话说"在我朝这些大将里面，能三十出头当节度使的，除了太祖，只有我岳飞一个人"。第二是说，岳飞解了兵权之后，岳云和张宪在湖北襄阳举兵要拥护岳飞，武力要挟朝廷恢复岳飞的兵权。结果偏偏就在这个时候，岳飞不合时宜地上表，言词激烈，要求恢复自己的兵权。这种做法授小人以柄，让皇帝更加疑心了。

岳飞抗金心切，固执地要求增兵、增权、提议建储、不按领导意图办事、拒绝升迁等行为恰好都触犯了宋高宗的深忌，甚至连留意翰墨、礼贤下士，也会使皇帝疑神疑鬼。尽管他一再真诚地表示要功成身退，准备在庐山东林寺看经念佛，以度余年，但宋高宗是根本不信的。

当年，韩世忠曾质问宰相秦桧，岳飞到底犯了什么罪？秦桧只是含含糊糊地说了一句，岳飞的罪是"莫须有"，用今天的话来说，就是"也许有罪"的意思。其实，岳飞确实就死在威胁皇权的这种可能性上。

作为一代名将，岳飞亲自参与指挥了一百二十六次战役，没有一次失败，是一位名副其实的常胜将军！他文武双全，其《满江红》成为千古绝唱。但是，在忠诚度管理上，岳飞没有看到自己面对的是一个怎样的上级，这个上级有怎样的需求。投身一个公司，立志报效公司，但是却无法获得老板的信任。最后，贡献越大、本事越大，领导越害怕，只落得受屈而死，实在可惜可叹！

在这一点上，与岳飞同时代的韩世忠似乎看得更透彻一些，在交出兵权以后又主动放弃了军职，骑驴纵酒游西湖，不见人、不谈专业、不谈事业，那其中的几分无奈、几分豁达，只有当事人自己心中了然。

有这样三种忠诚

能人要想不吓人，就必须要搞好忠诚度管理。越是在软弱而无原则的领导手下做事情，越是要掌握忠诚度管理的策略和技巧，否则只能是连人带事业都被葬送掉。

一般来说，忠诚分为三个类型。

1. 依赖型忠诚

依赖型忠诚，就是通过保持下属对上级的基本依赖而确保彼此的忠诚。

▎谈 古 论 今

公元前226年，秦始皇欲调大军伐楚，开始选的战将是李信，李信声称二十万人就可以完成伐楚使命；又问王翦，王翦坚称需要六十万大军。公元前225年，秦始皇派李信等率军攻楚。李信轻敌冒进，先胜后败。于是秦始皇把六十万大军全都给了王翦。

结果王翦在做什么呢？接到任命后，他晚上连夜写报告。别人都说："你看，老将军多敬业，熬夜写作战计划！"结果一看，王翦写的居然是"关于解决我个人待遇的请示"。王翦说:"领导,我现在当司令了,可我的待遇还不高,还只是副厅级干部,我在三环之内还没有房子,我的车只有一辆,我家里储存的金银也不多。万一我战死了,就没有后路了。"最后,秦始皇说:"准!"于是给房子,给待遇,封侯给钱。

于是,王翦高高兴兴地开拔出兵,没走多远又写了第二个报告。下属以为老将军这回该写作战计划了吧。结果王翦写的是"关于解决我子女待遇的请示"。文中提到:"我的孩子,大的大,小的小,有的要上学,有的要找工作,有的要找老婆,有的要买房子,这些问题你都给我解决了吧。"结果秦始皇又准了。

大军到了边界,安营扎寨,王翦又挑灯夜战。下属觉得,老将军这回要写作战计划了。结果一看,写的是"关于解决我亲戚待遇的请示"。这时下属就说了:"老将军啊,你糊涂了吧?这仗还没打呢,你就一遍一遍地跟皇帝要待遇。咱们皇帝是个什么人?你把他惹急了,要丢命啊!"

王翦说:"年轻人啊,这你就不懂了。皇帝现在怕的是什么?六十万大军在我手里,皇帝一怕我谋反,二怕我胜利了天下一半在我手里,即使我不谋反,如果民心向着我,也有可能对皇帝的事业有影响。皇帝最怕的就是这个。如果我专心致志做事,一心一意争名声,广泛收拢人心,那么事业越成功,我对皇帝的威胁就越大。你说咱们皇帝是个什么人啊,不管你多大的功,只要觉得你有威胁,就会把你拿下。我现在一不要天下,二不要名气,我要的就是你手里的那点东西。我让你知道我在你手里攥着,你手里还有我想要的东西,你还能控制住我。这样,增加了皇帝的控制感和掌控感,他才会相信我的忠诚。"

越是做大事的，就越要对领导有所要求。赵构为什么杀岳飞？好家伙！不想涨工资，不想升官，赏了好东西都分给别人，有钱都给别人花，倒贴钱做事。这就难免让领导质疑动机了。

试想，如果是你自己家过日子，找了个保姆。此人态度极好，自己掏腰包买一大堆好东西送给你，上你家来干活，又做饭又搞卫生，工钱一分不要，还跟你说"只要你开心就好"，而且出门之前让所有的邻居都知道你们家这些事情都是她做的。你对这人有什么想法？你会觉得这人不靠谱：这人跟我老公是不是老相好啊？

领导都是这样的，他很在乎能人做事情的动机是什么，心里是怎么想的。王翦为了防这个就做得特别到位。一个高水平的人最容易让别人觉得清高，群众说这个人清高，是因为他跟大家沟通不够；领导说这个人清高，是因为他一天到晚就是完成工作，跟领导没有交流，对领导没有所求。

有求于人本身就是一种交流。通过这种简单的交流，对对方是一种肯定、一种安慰，同时让对方觉得你在他的掌控之中，对于提升忠诚度和信任感特别重要。所以当王翦独当一面、挑大梁，带领重兵去攻伐楚国、开拓疆土的时候，一定要跟领导谈谈家里人怎么安排，谈谈个人待遇的问题，求领导帮忙解决点困难，然后谦卑地说："谢谢领导关心，我一定好好干。"这些对于提升信任都有帮助，有求体现的是一种依赖、一种交流、一种态度。忠诚是要表现出来的。

2. 结构型忠诚

结构型忠诚，就是通过制度结构的约束而带来的忠诚和信任。

刘邦与项羽在河南荥阳附近作战，刘邦战事不利，将士多有伤亡，但是

第六章
能人如何不吓人

刘邦不去慰问死伤,却屡次派人来慰问萧何。萧何身边有个智谋之士鲍生,他对萧何说:"汉王在艰难困苦的情况下,屡次慰问在后方坐镇的您。看来是对您有猜疑之心了。所以,建议您把自己家族子孙兄弟当中能当兵打仗的都送到前方汉王那里去,他才会更加信任您。"萧何这样做了,结果刘邦非常高兴。

刘邦的担心不无道理,他自己在前线屡次被项羽打败,萧何管理后方位高权重,有民心有团队。在危难时刻,万一萧何看到刘邦不行,倒戈投降或者拥兵自立,那后果就不堪设想了。在这样的背景下,刘邦特别需要萧何拿出行动来证明自己的忠诚。萧何把自己的兄弟、儿子都派到了刘邦眼前,交给刘邦管理,这等于告诉刘邦,我最亲近的人都在你手里,我是不会变心的,即使想变也不敢变,此举给刘邦吃了一颗大大的定心丸,刘邦自然十分开心。

> 能人太有本领了,忠诚仅停留在口头上说说是不行的。

能人太有本领了,忠诚仅停留在口头上说说是不行的。你说你永远忠心,可是随着时间推移形势变化,人的内心也会发生变化的,万一你变了怎么办?所以即使是在眼前没出任何问题的情况下,也必须要有一个保障条款来确保不出任何问题。通过保障措施,让双方都放心地互相信任对方,这种忠诚就是结构型忠诚。

结构型忠诚最典型的例子是《西游记》。在《西游记》的取经团队里面,为什么只给孙悟空戴紧箍,不给猪八戒、沙僧戴呢?其实,很简单,孙悟空本事大,他离开团队依然可以过很好的日子,花果山美猴王呼风唤雨,是齐天大圣;可是团队要是离开这只猴子,还就真到不了西天,取不到真经。对于这种他离得开组织、组织离不开他的能人,眼前他忠心他忠诚,万一哪天他变了怎么办?所以必须要给他戴一个紧箍,这样才放心。而猪八戒和沙僧就不一样了,这二位本领一般,不是团队必须依赖的,没有他们也到得了西天，而他们要是离开这个团队，那就永远逃不出苦海了。所以对他们，根本不用戴紧箍，只要给他们描绘一下美好的未来，他们就会坚定不移跟着前进了。这就是差异化的忠诚度管理，"给能人戴紧箍，给庸人画饼"。

《西游记》里，菩萨给大能人孙猴子戴了个紧箍，同样，把萧何的亲人招到自己眼前，这个措施就是刘邦使用的紧箍，而萧何认清了形势，定准了位置，自己积极主动戴上了紧箍，领导当然很开心、很放心，萧何也可以放开手脚干工作了。

前边讲到了高宗赵构管理岳飞，你说赵构对岳飞有紧箍可戴吗？没有。岳飞第一对待遇无欲无求，第二自己没有任何把柄在皇帝手里，第三坐镇一方很少受牵制。所以赵构自然很不放心了，于是从没谱到担心，从担心到猜疑，从猜疑到下手，这是一个无法逆转的过程。所以岳飞当时应该注意到这个问题，随着自己事业的发达、权力的增大和实力的扩大，应该学学萧何，自己主动戴个紧箍，比如有求于领导，主动汇报个失误，立个军令状，或者把自己的家属孩子送到临安，让领导放心。

说到底还是一句话：忠诚不是事实，忠诚是一种感觉。无论你心里有多么忠诚，如果你不表现出来，早晚也会出问题。

3. 认同型忠诚

认同型忠诚，就是通过一种文化的认同（主要是价值观和远大目标）来塑造和保持的忠诚与信任。

可以说刘备是一个典型的能收获认同型忠诚的领导。在曹操的步步紧逼之下，刘备带着十多万百姓缓缓而行，一天只走十多里，这跟没走一样，简

第六章
能人如何不吓人

直就是在等死。手下人劝刘备:"主公应该舍弃辎重百姓,快速退到江陵据守,眼前虽然有这么多人,但是能上阵打仗的人少得可怜,假如曹操真的赶上来了,根本就无法抵挡啊!"

手下人的劝告可以说是入情入理,切中要害。十多万百姓就好比十多万只绵羊,没有战斗力,而且完全拖累了部队行动,带着这么大个包袱,走不能走,战不能战。

但是危急时刻,刘备没有犯糊涂,他说了一句非常清醒、非常明智的话:"做大事业必须要以人为本,眼前这些人都是投奔我来的,我怎么能为了自己的安全就弃他们而去呢?"

结果,曹操率领精锐骑兵前来追杀,只用一昼夜就追上了刘备。双方战于当阳长坂坡,刘备丧失了全部的辎重人口,最后只带了数十人逃了出来。

其实这个失败结果刘备完全可以预测到,何况身边还有诸葛亮这样的高智商参谋。他完全知道,即使自己不放弃百姓,最后被曹操追上,也还是要放弃的。但是,虽然都是放弃,表面上看结果差不多,但本质上却有重大区别:前一种是主动放弃,后一种是被迫放弃。尽管后一种风险更大,但是刘备还是选择了后一种。因为这样做可以让天下人都知道,他爱惜自己的百姓,不顾个人安危。

这就是刘皇叔的高明之处,他知道自己没有曹操那样的班底和军事实力,也没有孙权那样的牢固根据地,要做成大事,必须要找到一条适合自己的成功道路。他给自己设计的职业发展道路就是:先得民心,后得天下,走由内到外的路线。

这种宁可曲折发展、绕弯子,也要树立形象的作风,贯穿了刘备的整个职业发展道路。

刘备入四川可以说是无利不起早的事情,进四川就是为取人家的地盘。

庞统和法正都建议刘备趁早利用见面的机会袭击刘璋，一举定四川。但是刘备否定了这个方案，和刘璋相见甚欢，而后又提兵为刘璋保卫四川，北拒张鲁。既然是来占人家地盘，为什么不但不动手，还要替人家看家护院呢？

这也是刘备积累人气、收拢人心策略的继续。袭击刘璋造成的结果是失去个人信誉，破坏自己的形象，失去天下人心。这是刘备绝不会接受的结果。

后来，刘备的大军屯驻在葭萌关，庞统建议刘备抽调精兵，趁刘璋没有防备袭击成都，一战成功，并认为这是上策。刘备却选择了一边广施恩德、收拢民心，一边在军中先除掉刘璋大将，然后静观变化，等刘璋动手之后自己再动手的中策。

庞统把利益放在首位，希望快速取得四川的控制权。而刘备在权衡之后，再次把民心放在了首位，袭击成都确实可以快速得利，但是在天下人面前毕竟落下了话柄。刘备宁可晚得到四川，也要边收民心边等刘璋先动手。最后，真的向刘璋动手的时候，刘备找了一个很像样的理由，借口曹操要攻击自己的根据地荆州，自己要回救老家，请求刘璋给自己添兵添钱。结果刘璋给的不多，于是刘备激励手下将士：我们曾经为保卫他的老家出生入死，现在咱们自己的老家有危险了，他一点表示都没有，连点基本的经费都不给我们，将士们，我们能答应吗？于是三军义愤，顺理成章地开始攻打刘璋。

刘备一直在专心致志获得天下人的认同，走依靠人心、人气得天下的道路。这种道路就是典型的认同型忠诚的道路。从诸葛亮到关张赵马黄，这些文臣武将都是认同了刘备的价值观，被刘备的仁义感动，然后才尽心尽力为刘备的事业做贡献的。

一个领导干部，让别人依赖比较容易，约束下属也不难，最难的就是在具有优势地位和优势资源的情况下，能够约束自我，树立形象，获得下属的认同。建立认同型忠诚可以说是领导艺术的较高境界。

五种不好相处的上级

跟领导一起工作，有可能遇到各种不同类型的领导。人的知识弱点容易弥补，但人的性格弱点不容易弥补。如何与不好相处的上级相处，处理好彼此之间的关系呢？一般来说，有以下五种不好相处的领导。

1. 责任意识不强的领导

这样的领导最典型的特征就是遇事不做主、不拍板。你提醒他做决策的时候，他回避问题；让你自己做决定，一旦成功了，成绩就成了他指导有方、授权有度的结果；一旦出了问题，他会立刻上来问你："你是怎么搞的，为什么不请示不汇报就擅作主张？"

比如，上级通知最近有工作组下来抽查工作，有可能查到本部门。于是你问："领导，要不要提前协调相关部门，准备一份书面的汇报？"领导说："别理他们。"等真的来了通知，工作组要求提交书面汇报的时候，领导又来问你："你怎么没有准备书面汇报啊？"你回答："是你说不用准备的啊。"他把脑袋一晃："我没说过，我啥时候说过啊？"

与这样的领导相处，基本的行为策略是"当闹钟"。闹钟的作用就是提醒，不断地提醒，一直到行动为止。而且闹钟关键在于一个"闹"字，只有提醒到对方有点不耐烦的程度，才算得上"闹"。

但是闹钟的"闹"也要有尺度，不是什么事情都闹。有些工作属于个人小范围行动，部门内就可以实施，这个时候就要连提醒带行动，不能只喊不做。比如前边提到的书面汇报，如果不用协调其他部门，这个时候，就要开始行动了。但是，有些工作是需要领导同意之后，才能开始进行的。这就需要不断提醒，提醒的技巧是：一说要求，二说行动，三说后果。基本的句式是："上级要求……我建议……我担心……"

2. 爱表现的领导

这样的领导喜欢自己闪光，如果下属有表现的机会，而他自己没有，他心里就会非常不痛快。

比如，开个新闻发布会或者经验介绍会，大家都围着一个下属，摄像机、照相机对着，又是提问又是拍照，偏偏没人搭理领导，这个时候领导就会非常不高兴，甚至会找茬发脾气，进而影响到上下级的信任。

> 搭台子的要领就是不要抢光、抢眼，不要替领导说话，不要抢领导的话题。

与这样的领导相处，基本的行为策略是"搭台子"。搭台子就是给领导搭建平台，引导众人给他更多关注。

比如上面提到的新闻发布会，下属被记者团团包围，摄像机、照相机都对上了，领导被晾在一边没人搭理。这个时候，下属应该很敏锐地观察到自己站在了不应该站的位置上，这叫作"抢光""抢眼"。该怎么办？很简单，马上站起来，引导大家转移注意力，告诉众人："我做的工作只是全盘工作中很小的一个组成部分，而且是在公司领导班子的周密筹划和精心指导之下才取得的一点成绩。真正的全局安排和整体规划，我是说不出什么的。"接着，话锋一转："我给大家介绍一位主持全面工作、能把大家想知道的问题都讲清楚的人，他就是我旁边这位先生，我们公司的王总。下面我提议，请王总给大家讲一讲！"然后，带头鼓掌。

搭台子的要领就是不要抢光、抢眼，不要替领导说话，不要抢领导的话题。在自己表现机会过多、而爱表现的领导却没有表现机会的时候，很好地把机会转移到他那里。基本的句式是："我是做具体工作的……我给大家介绍……我提议……"

3. 缺乏洞察力的领导

这样的领导常常过分在乎表面现象，看不清楚谁真的努力了。而且对于很多事情，他只在乎自己的印象，并不关注别人的意见以及事实的本来面目。与这样的领导相处，基本的行为策略是"造声势"。造声势就是干工作既给结果，也给感觉；既把本质问题解决好了，也把工作过程中的付出进行直观化处理，让人可以一下子就看出来工作过程的艰苦。

造声势的要领就是千万不能被动地等待对方来发现、来理解，因为他没有这个倾向，也没有这个洞察力，必须要把自己的努力以及工作的结果在第一时间内展示出来。

要抢光、抢眼，要和领导介绍情况，描述场面，要抓住表现机会，克服自卖自夸的心理障碍，要制造一些外部直观的东西。基本的方式就是：重要工作有场面，艰巨工作有汗水，精彩工作有掌声。

4. 重私情的领导

这样的领导看重私人交往，看重别人的情感承诺，用人的时候喜欢小圈子，喜欢用自己人。

比如，一个干部经常和领导共进午餐，周末一起去打球钓鱼；另一个干部虽然能力强一些，但是基本上没什么私人的来往，主要的接触场所就是办公室、机房或者会议室。那一旦有了提拔的机会，这位领导会不自觉地提拔前者，往往前者的关系比后者的能力对工作更有推动作用。

> 多参与的要领就是主动热情，从小处入手，成为对方的熟脸、熟人。

与这样的领导相处，基本的策略就是"多参与"。多参与就是利用一些机会，参与到对方所做的事情当中去，创造一些机会，使自己成为对方的眼前人，增加双方的接触密度、接触频率，制造感情沟通的客观条件。

比如会前或者会后汇报一件事情，征求一下意见。比如利用下班或者午餐的时间，短暂接触一下，哪怕就是点点头、打打招呼，也能取得好的效果。而对于对方发起或者参与的活动，尽量多参加，表现出足够的积极性和主动性。

多参与的要领就是主动热情，从小处入手，成为对方的熟脸、熟人。基本的句式是："如果您有时间，我想汇报一件事情……""我可以请教您一下吗……""您好，您也来啦……"

5. 爱嫉妒的领导

这样的领导往往在情绪上不能容忍下属成功，强烈的嫉妒心会使他行为失常，做出一些损人不利己的事情。

比如，一个下属刚获得了集团公司的表扬，春风得意，满面笑容，而且还不知道收敛自己，逢人就说，见人就卖弄。这个时候，如果他的上级是一位嫉妒心比较重的部门经理，那么矛盾就来了。下属会发现经理有意无意总在找茬批评自己，当众给自己难堪，任务加码，工作挑刺。

> 讲弱势的要领就是展示弱点、烦恼和痛苦，从而在心理上减轻对别人的压力，化解来自嫉妒者的情绪敌意。

与这样的领导相处，基本的行为策略是"讲弱势"。人们会嫉妒强势，但不会嫉妒弱势。所以，这个策略的核心就是主动提困难、提要求，把自己的不足放在明处，同时让领导知道你的烦恼忧愁，并且求得对方的理解和帮助，以弱势者的姿态来和别人交往。比如，领导向你了解工作时，你不要只讲自己的经验、心得，也讲讲自己的困难、困惑。领导问你的成就时，不要只讲光荣和精彩，也回忆一下辛酸和苦闷。

讲弱势的要领就是展示弱点、烦恼和痛苦，从而在心理上减轻对别人的压力，化解来自嫉妒者的情绪敌意。基本的句式是："我也很困惑……""我给大家讲讲我的烦恼……那个时候我都不知道怎么办了……"

长 话 短 说

能人之所以吓人，主要原因有五个：（1）能人又是"牛人"，让领导不放心；（2）能人又是"名人"，让领导不开心；（3）能人又是"直人"，让领导不省心；（4）能人又是"贤人"，让领导不安心；（5）能人又是"犟人"，让领导不顺心。

能人要想不吓人，就必须要搞好忠诚度管理。越是在软弱而无原则的领导手下做事情，越是要掌握忠诚度管理的策略和技巧，否则只能是连人带事业都被葬送掉。一般来说，忠诚分为三种类型：（1）依赖型忠诚。有求于人本身就是一种交流。通过这种简单的交流，对对方是一种肯定、一种安慰，同时让对方觉得你在他的掌控之中，对于提升忠诚度和信任感特别重要。（2）结构型忠诚。给庸人画饼，给能人戴紧箍。（3）认同型忠诚。一个领导干部，让别人依赖比较容易，约束下属也不难，最难的就是在具有优势地位和优势资源的情况下，能够约束自我，树立形象，获得下属的认同。建立认同型忠诚可以说是领导艺术的较高境界。忠诚不是事实，忠诚是一种感觉。无论你心里有多么忠诚，如果你不表现出来，早晚也会出问题。

有五种不好相处的上级：（1）责任意识不强的领导。与这样的领导相处，基本的行为策略是"当闹钟"。（2）爱表现的领导。与这样的领导相处，基本的行为策略是"搭台子"。（3）缺乏洞察力的领导。与这样的领导相处，基本的行为策略是"造声势"。（4）重私情的领导。与这样的领导相处，基本的行为策略就是"多参与"。（5）爱嫉妒的领导。与这样的领导相处，基本的行为策略是"讲弱势"。

第七章 该做不该做

　　战略首先就是确定不做什么,其次才决定做什么。随着事业的发展,企业领导每天进行的否定型决策会越来越多。在追求诱惑的过程中抵御诱惑,这个充满矛盾的主题贯穿于成功企业家的一生,也贯穿于所有世界级长青公司的商业决策过程的始终。

第七章
该做不该做

事　典：责任定位
时　间：汉文帝初年
地　点：汉都城长安（今陕西西安）
对话者：汉文帝、周勃、陈平
出　处：《史记·陈丞相世家》

> 孝文皇帝既益明习国家事，朝而问右丞相勃曰："天下一岁决狱几何？"勃谢曰："不知。"问："天下一岁钱谷出入几何？"勃又谢不知，汗出沾背，愧不能对。于是上亦问左丞相平。平曰："有主者。"上曰："主者谓谁？"平曰："陛下即问决狱，责廷尉；问钱谷，责治粟内史。"上曰："苟各有主者，而君所主者何事也？"平谢曰："主臣！陛下不知其驽下，使待罪宰相。宰相者，上佐天子理阴阳，顺四时，下育万物之宜，外镇抚四夷诸侯，内亲附百姓，使卿大夫各得任其职焉。"孝文帝乃称善。
>
> ——《史记·陈丞相世家》

写这本书的过程中，一次又一次面对那些在中国历史上赫赫有名的人物。我问自己，这些人物当中，谁是最吸引我注意力的呢？时下很流行的方式是PK，于是我问自己，如果把这些人物邀请到一起进行PK，我会给谁打高分呢？伊尹、姜太公、管仲、子贱、范蠡、张良、诸葛亮……

我想，我的分数会比较倾向于一个秦末汉初与刘邦、张良同时代的人——陈平。陈平一生波澜起伏，屡次面临生死考验，稍有差池就会性命不保，而他在每个关键时刻都能顺利过关，并且还在自己的团队里扮演了"关键先生"的角色，战项羽、捉韩信、击匈奴、平诸吕，他的奇谋妙计可以说是出神入化。

有智慧的人不一定有好运气。在没有好运气的时候，审时度势、计谋权变就显得尤为重要。

自从陈胜、吴广起义之后，大秦天下处处告急，扯旗造反的人一个接着一个，陈平也以为自己的机遇到了，也想抓住机遇干一番大事业。但是让他很郁闷的事情接踵而至。陈平先是加入了魏王的阵营，结果不但计谋得不到实施，还遭人陷害，刚获得太仆这么个职位，椅子还没有坐热就只好逃亡。

后来，陈平又选中了项羽这个大英雄。项羽看起来还不错，赐给陈平爵位，任命陈平当都尉，还赏赐了很多钱。正当陈平以为可以大展宏图的时候，问题又来了。陈平辛辛苦苦收服的殷地没多久又被汉王攻占，项羽一气之下要杀陈平。这就好比说你送别人一个苹果，他没吃到嘴里就被人抢走了，于是他一气之下要杀了你解恨，你说这冤枉不冤枉？要是一般人遇到这种事情，肯定忍不住要为自己辩解几句，讨个公道。但是陈平可没这个想法，因为他对项羽的易怒和不讲理有充分的估计。陈平只好第二次离职出走。

在追兵到达之前，陈平赶到河边，总算是顺利地上了一条船。结果发现，上的是条贼船。船家满脸横肉，一双凶狠的眼睛上上下下打量陈平，很显然，他发现了陈平是个出走的官员，估计陈平腰间一定有金银财宝，于是动了杀机。怎么办？动武的话，陈平是一点自信也没有的，只有动脑筋用智慧。陈平想了一个奇妙的方法，他假装什么都没看出来，主动帮助船家划船，然后又假装天热出汗，把自己里里外外都脱了个干干净净，向船家证明自己随身没有任何宝贝，这才躲过了杀身之祸。

一番惊险之后，陈平到了汉王刘邦的大营。陈平很聪明，在求职过程中很好地运用了技巧。首先是借助魏无知的力量，使用熟人引见的方法。其次是抓住初次见面的机会，利用第一印象比较好的有利条件，当场向刘邦展示自己的谋略和主张。于是，陈平很快获得了刘邦的认可。不过，迅速的提升也让他遇到了一个几乎每个优秀员工都会遇到的典型问题，那就是流言飞语，这些恶语中伤的内容无外乎两方面——生活作风问题和财务问题。费了若干口舌，又借助伯乐魏无知的担保，陈平才得以顺利过关。

流言刚刚平息，工作上的挑战就来了。陈平和自己的第三任领导刘邦被自己的第二任领导项羽包围在荥阳，局势危急，面临杀身之祸。陈平巧妙地使用反间计，分化瓦解了项羽的军事指挥班子，使项羽与自己一文一武两个主要助手范增和钟离产生了隔阂与分歧。接着，陈平设计了一条独特的脱险策略，他安排两千多个女子伪装成主力出荥阳东门，吸引了项羽的大部队，陈平自己保着刘邦带领四十多人的小部队趁乱从西门安然脱险。后来云梦泽捉拿韩信、白登山解匈奴之围，刘邦都是靠着陈平的智慧化险为夷的。

陈平最大的人生挑战发生在高祖刘邦快要咽气的时候。老皇帝临死的时候要杀樊哙。众所周知，樊哙在鸿门宴上表现神勇，保了刘邦的性命，而且樊哙和刘邦还有一层特殊的关系，刘邦的老婆和樊哙的老婆是亲姐妹，两个人是连襟。可是刘邦居然动了杀心，这让陈平再次感到了仕途的险恶。而摆在陈平面前的是一道难题：杀还是不杀？不杀是违抗命令；要真杀了，万一刘邦反悔了怎么办？而且即使刘邦不反悔，一旦他咽气了，对吕后家族的人怎么交代？

后来陈平想出了一个办法，就是抓而不杀，把樊哙带回来交给刘邦或者吕后自己处理。人马从河北走到河南，前方就传来消息，说刘邦去世了，朝廷有旨让队伍暂时驻扎在荥阳听候命令。这时陈平再次显示出了高超的智慧，他安排好了人马行程，自己骑快马兼程赶往长安。在高祖陵前，陈平十分悲痛，大哭一场，并把捉樊哙的来龙去脉向已经掌握大权的吕后做了详细汇报。吕后安慰了几句，让陈平回去休息。陈平最令人佩服的就是坚决不离开现场，要求留在宫中，保卫幼主、保卫新的权力核心。这个举动一方面表示了忠心，一方面把自己直接置于吕后的视线之内和监控之下，避免了不必要的猜疑。后来樊哙官复原职，陈平也没受到任何牵连。

陈平作为一个谋士，经历了三个朝代，辅佐刘邦得天下，辅佐惠帝掌握政权，又平灭诸吕，在汉文帝一朝担任丞相。这样的传奇经历在汉朝乃至中国历史上也是绝无仅有的。我对陈平的评价是：危险时从容不迫，夹缝中游刃有余，关键处挺身而出，谋大事立竿见影。陈平身上最出色的管理品质就是他时刻知道自己该做什么，不该做什么！

不知钱粮的宰相与关心牛喘的宰相

汉孝惠帝六年（公元前188年），相国曹参去世，安国侯王陵担任右丞相，陈平担任左丞相。但是当了丞相的陈平日子并不好过。吕后的妹妹吕媭因为先前陈平捉拿她丈夫樊哙的事情，对陈平怀恨在心，经常在吕后面前说陈平的坏话："陈平为相非治事，日饮醇酒，戏妇女。"陈平闻，日益甚。吕太后闻之，私独喜。面质吕媭于陈平曰："鄙语曰'儿妇人口不可用'，顾君与我何如耳。无畏吕之谗也。"（《史记》）

这个小故事中我们要注意两点。一是为什么陈平每天喝酒近女色，吕后听了很高兴呢？《史记》原文讲的是吕后"私独喜"，就是找没人的地方偷着乐。这种偷着乐代表了吕后的一种态度。就是原先对陈平不放心，担心他对自己不利，一旦听说陈平饮酒作乐、亲近女色、不理政务，吕后悬着的心就放下了，所以才偷着乐。

二是难道陈平真的当了丞相就腐化堕落、不好好工作了吗？肯定不是。

这就是陈平的心机。陈平希望守住丞相这个位置，为将来平灭诸吕、恢复刘家天下创造条件。他故意不理公务，把权力都交给吕后的宠臣审食其掌握，而自己做出一副花天酒地的样子，让吕后放心。

后来吕后去世了，陈平与太尉周勃联合起来，平灭了诸吕，拥立代王刘恒为孝文皇帝。在新的政权当中，陈平再次当上了丞相。不过他主动把右丞相的位置让给了周勃，自己退居其次，当了左丞相。

谈 古 论 今

有一次，文帝问右丞相周勃："天下一年审判的案件有多少啊？"周勃说："对不起，我不知道。"文帝又问："天下一年的钱粮收入和支出是多少啊？"周勃再次说："对不起，我不知道。"一边说，一边惭愧得浑身冒汗，后背都湿透了。于是文帝转过身来问陈平同样的问题，陈平从容回答："这些事情由专人负责。"皇帝问："负责的人是谁啊？"陈平说："陛下问打官司的事情，可以找廷尉；问钱谷的事情，可以找治粟内史。"皇帝说："既然事情都有人负责了，那么你这个丞相负责什么啊？"陈平说："主要是负责干部的选拔任用。如果陛下您不知道干部的好坏，错误地使用了不合格的人，那么就要追究丞相的责任。丞相的主要任务就是在上辅佐皇帝理阴阳，顺四时；在下育万物之宜，在外镇抚四夷诸侯，在内亲附百姓，使各个部门的干部能岗匹配、尽职尽责。"

文帝非常赞同陈平的主张。右丞相周勃非常惭愧，出来以后忍不住责怪陈平说："这么好的回答，你怎么平时没有告诉我呀！"陈平笑着说："大哥，你在这个位置上，怎么能够不知道自己的岗位职责呢？假如皇帝问你长安城里有多少盗贼，你也准备勉强回答他吗？"

陈平的回答可以说是切中要害。

总经理是干部人事工作的第一责任人。如果把自己的精力和时间都浪费在查户口之类的日常琐碎事情上，那就是失职了。

作为总领全局的领导，一定要知道自己的岗位职责是什么，不能眉毛胡子一把抓。我们经常说，总经理要抓大事、想大事，要有战略眼光，其实这不是一句空话，必须要贯彻在日常工作的实际行动当中。

在陈平之后，还有一位大汉丞相对这个问题也有一段精彩的论述。

谈 古 论 今

汉宣帝时，丙吉当了丞相，有一次下乡在路上遇到有人打群架，死者和受伤的人都躺在道路上。丙吉就像没看见一样，连问也不问就过去了，他身边的下属感觉非常奇怪。再往前走了一段，看到有一个人在赶一头牛，那牛边走边喘，舌头吐出来很长。丙吉连忙停下来派人上去问："老乡，你赶着牛走了几里路啊？"

下属非常奇怪，搞不明白为什么宰相不关心人的死活，却在这里关心牛喘。

丙吉解释说："老百姓打架斗殴出现死伤，这个事情由地方官负责解决，该抓谁、该怎么处理，地方官就都办了。作为丞相，我在年末对他们的政绩进行一下考核，领先的给奖励，落后的给惩罚就完全可以了。丞相不用亲自做小事情，不应该问不该问的事情。但是牛的问题就不一样了。现在是春天，天并不怎么热，可是牛走了不远就开始喘起来，恐怕是时气不调和，暑热早发，万一爆发人或者牛的瘟疫，可是对国家对百姓都是个大问题了。这是我的职责所在，必须要问清楚。"

丙吉当官当得非常清醒。众所周知，领导必须要深入基层了解情况，必须要过问基层工作。面对头绪繁多、细节复杂的众多工作，应该把重点放在哪里呢？选择比努力更重要，如果不加区分和筛选，只是闷头下笨功夫，用傻气力，那么到头来有可能费力不讨好，做了无用功。

> 大局观，就是首先知道自己不做什么事情，然后才决定自己做什么事情。

丙吉在这里给我们做了一个好榜样，他用行动告诉我们，作为领导，那些例行的、有人抓有人管、岗位职责很清晰的工作，领导根本就不用操心，完全可以放心交给下边的人，领导只要善于利用激励政策来调动下属的积极性就可以了。而对于那些关乎全局、没人抓没人管的事情，哪怕是一点小小的迹象，也要给予足够的关注。因为如果领导不管，就真的没人抓没人管了，搞不好会出大问题的。

这种识大体、顾大局的思路，对我们今天的管理工作具有很高的借鉴价值。

有些好事不能做

担任管理者就要尽职尽责，尽职尽责是需要一定的判断力做基础的，要坚持"有所为，有所不为"的原则。《孔子家语》中记载了子路的一个故事，对于思考责任问题很有启发。

谈 古 论 今

孔子的弟子子路在蒲城当地方长官，带领当地的老百姓开挖沟渠防备洪涝灾害。看到老百姓十分辛劳,子路就自己掏腰包,给老百姓每个人发了一筐食物和一壶水。

孔子听说了这件事情,连忙派子贡赶去阻止。子路非常不高兴,抱怨说:"老百姓和我一起挖渠抗洪,他们生活十分困苦,什么都没有,我作为他们的长官,实在是不忍心,所以就周济一点食物给他们。老师让子贡来阻止我,就是阻止我实行仁义,老师天天教我们仁义的道理,最后却来阻止学生我做仁义的事情,我不接受!"

孔子说:"既然认为百姓非常饥饿,你为什么不向国君上报,让国君打开国家粮仓来救济他们?现在你私下里把食物分给他们而不上报,就等于在显示国君没有恩惠,而你子路自己却有着高尚的道德。如果不让你赶快停止这种做法,恐怕你要被治罪了啊。"

子路在蒲城当市长,抱着一腔热诚,关心老百姓的疾苦,自己出钱给百姓解决衣食问题。按照一般的理解来看,子路算是一个好官,无愧于"父母官"的称号。

但是,孔子以自己深邃的智慧一针见血地指出,子路犯了一个重大的错误,就是没有向上级汇报,把应该由国家政府出面做的事情自己全给做了。这叫作"以私恩代替公义,以个人的美名代替国君的声誉"。这种行为无论对于事业还是对于本人,都是十分有害的。

> 好事也不是都要做的,要看清自己的角色,不能做超越角色的事。当干部有所为比较容易,有所不为就比较难了。

从这个例子当中,我们可以看到,儒家在讲究仁德仁政的同时,也是十分重视做事情的方法与策略的。任何的仁政、德政都不是不讲究策略的,相反,它的推行必须要靠策略来支撑。

在现实生活中,我们自己也经常犯这样的错误,一看到有益于他人,就

第七章
该做不该做

忍不住上去一试身手。其实我们也应该想一想：自己是否和子路犯了同样的错误？

忠于职守，讲的就是每个干部都不是在代表自己做事情，而是在代表上级做事情，代表组织做事情。遇到上级没有想到的、组织上没有考虑到的，应该努力去提醒。不应该不反映、不汇报、不提建议，自己闷头就干，更不应该以个人的名义把事情做了，把功劳揽在自己身上，回过头来还跟着群众一起发牢骚，这都是非常错误的。更有甚者还挑拨是非，煽动群众抱怨组织、埋怨领导，这就是居心叵测了。

所以说，好事也不是都要做的，要看清自己的角色，不能做超越角色的事。当干部有所为比较容易，有所不为就比较难了。

说到大局观，我们再请出一位古代的智者——张良。张良屡次为刘邦谋划大事，最终帮助刘邦夺得天下。天下定了，紧接着一个天大的问题就摆在张良和其他大臣的面前——接班人问题。在这个问题上，刘邦左顾右盼摇摆不定，先是立了吕后生的刘盈为太子，后来因为十分宠爱戚夫人，就想立戚夫人的孩子赵王如意为太子。于是一场惊天动地的太子之争悄悄开始了。

刘邦有了废旧立新的意向，但是遭到了很多大臣的劝阻，没有最后下定决心。吕后心急如焚，身边的人提醒吕后，张良善于出主意，皇上也十分信任他，不如请张良给想想办法。于是吕后派建成侯吕泽来找张良。《史记》写到这一段的时候，用了一个说法，叫作"建成侯吕泽劫留侯"，一个"劫"字，写出了吕泽的手段是十分霸道的，张良不情愿，但是没办法，人家是皇亲国戚，不愿意也得愿意，这是智者的无奈。

谈 古 论 今

吕泽让张良出个主意，张良推辞说：以前皇帝使用我的策略，听从我的建议，是因为那个时候他身处危难之中，现在天下安定了，皇上因为自己的感情而要换太子，这样的事情我一个当下属的能有什么办法呢？吕泽不管张良怎么说，就是不放张良走，强迫张良给出主意。最后张良终于给出了一个主意，就是这个计策，帮助太子顺利地保住了自己的位置。

张良告诉吕后和吕泽："天下有四个皇上招不来的人，这四个人年岁都不小了，因为皇上经常怠慢和轻视别人，所以他们都躲避到深山里，发誓不做大汉臣子。虽然请不到这四个人，但是皇帝却非常佩服他们。现在需要太子亲笔写信，多预备金银财宝，用谦卑的言辞和豪华的车马，把这四位老先生都请到太子身边来。来了以后，要待如上宾，让他们跟随太子上朝，让皇上看到这四个人。皇上见了这四位一定很奇怪，就会问他们都是谁、从哪里来，这一问就会知道是四个隐居深山的大贤人。这会对太子有帮助的。"

后来，这四位贤人被请来了，原来都是八十多岁的老先生。太子参加皇帝宴会的时候，专门带了这四位。刘邦看着很奇怪，就忍不住问："这四个人是谁啊？"四个人上来自报家门，一个是东园公，一个是甪里先生，一个是绮里季，一个是夏黄公。刘邦非常吃惊："我请各位请了好几年，你们都躲起来不见我，现在为什么和我的儿子在一起啊？"四个人说："皇帝陛下瞧不起读书人，张嘴就骂，我们不肯受这屈辱，所以就躲起来了。太子就不同了，他为人仁孝，恭敬爱士，天下的人都愿意跟随太子，我们也就来了。"

四个人离开时，刘邦望着他们的背影对戚夫人说："我本来是想换太子的，但是你看现在这四位都是来辅佐太子的，太子的翅膀已经长硬了，换不成了。"

这里张良使用了一个非常高明的间接手段，帮助太子保住了自己的位置。张良深知，作为一个臣子，干预接班人的废立，本身就是非常过分、非常危险的事情，弄不好把刘邦惹急了，就有可能掉脑袋。所以张良的基本原则就是坚决不出面，坚决不出手。当然，如果躲到一边袖手旁观，就会得罪吕后，搞不好也会掉脑袋。于是，张良想了一个好办法，就是借助"商山四皓"的威信和影响力来帮助太子说服刘邦。这是一个两全其美的办法。从表面上看，是四个老先生说服了刘邦，其实完全是张良的谋略。

一个有智慧的人，站在台前呼风唤雨比较容易，躲在幕后默默无闻做贡献比较难。站在台前，出名确实容易一些，但也很有可能因为一时不慎给自己招来意外的灾祸。做人要收放自如。一个有智慧、有想法的人，放比较容易，但是一旦放得过火，就会有很多麻烦，所以该收还是要收住。放得开，是才华；收得住，是智慧。

> 放得开，是才华；收得住，是智慧。

责任感与有限解决

一个优秀的管理者应该是非常善于控制和调整自己的行为，选择正确的行为策略的。作为一个有责任感的管理者，需要具备的行为策略有四个：一是有限解决，二是抵御诱惑，三是忠诚度的管理，四是细节的选择。下面我们来具体解释一下这四个策略。

1. 有限解决

■■■■■ 谈 古 论 今

A公司新招聘了一个小秘书。上班第二天，小秘书跑进综合部经理的办公室，向经理汇报说七楼女厕所在反味，已经有点发臭了，需要马上处理。

综合部经理表扬了小秘书的责任感，然后立刻联系负责厕所卫生的行政部经理。行政部经理和维修工、综合部经理、小秘书一起到了厕所进行实地勘察。一看之后，行政部经理说，厕所的问题在于水压不充分，需要和工程部联系，改善楼层水压，于是就找到了工程部经理。工程部经理在现场勘察之后，禁不住勃然大怒，破口大骂，原来他发现水压不足是因为建筑施工方面出了问题，基建部在验收的时候马马虎虎，没有发现。

于是综合部经理、行政部经理、工程部经理一起找到了基建部经理。经过现场勘察和计算，发现解决这个问题的根本办法就是添置加压泵，并且要向施工方索赔。由于加压泵将耗费十万元，几个人又一起找到了财务部经理，财务部经理面露难色，因为十万元不是个小数目，需要跟总经理汇报一下。于是拨通了国际长途，找正在国外参加会议的总经理。

总经理正开会呢，忽然电话响，一看是公司财务部经理的电话，总经理就一阵心跳加速，以为出了什么大事情，于是一溜小跑到楼道里接通了电话，只听电话里财务部经理汇报："报告总经理，公司七楼女厕所发臭了！"总经理一听就急了，直接在电话里训斥这帮下属："公司一个月花一万多元钱把你们这些人雇来,居然连一个厕所的问题都要打越洋电话找领导,你们自己还干活不干活啊?限一周时间把问题解决,否则回去把你们都开了!"

解决方案就此搁浅。没有钱,水压问题解决不了,厕所继续发臭。一周后总经理归来,第一天就目睹了"惨状"。总经理大怒,立刻把相关的几个部门经理都叫到眼前大骂了一顿。

生气之余,他禁不住感到困惑:第一,几个部门共同努力,为什么连厕所问题都解决不了?第二,问题没有得到解决,责任应该由谁来承担?第三,到底是什么因素制约了公司解决问题能力的提升?

公司中有一些问题是典型的"厕所问题",处理好了,悄无声息,大家都觉得没什么;但是如果处理不好,就会影响形象,影响正常工作秩序,甚至会酿成大祸。

总经理生气了,确实应该生气。一个厕所问题都解决不好,公司的宏图大业岂不是空中楼阁?基本环节可以体现执行力。

> 中层领导常犯的错误:总把自己要做的事情扩展到自己控制的领域之外。

管理首先就是要把基本的事情做对。A公司在基本的卫生环节出问题,就在于其领导没有把基本的事情做对。

追究起来,首先该"挨板子"的就是行政部经理。虽然在整个事件中,他很积极地传递信息,进行协调和汇报,但是显然他没有尽到自己的职责。我们可以来看一下,面对"厕所问题",他都做了什么。执行的流程有四步:一是发现问题,他做到了;二是分析原因,他也做到了;三是解决问题,他没有做到;四是反馈结果,他做得不充分。

水压不足导致厕所出问题,这个原因找得很准、很有说服力。可问题是相关部门不支持不配合，上级领导又怕花钱。提了建议：加水压，结果被否定了。在这之后，行政部经理就一直没有任何作为，直到问题爆发出来被总经理批评。

其实，他犯了一个致命的错误，也是一般中层领导经常犯的错误。他总是把自己要做的事情扩展到自己控制的领域之外，比如解决"厕所问题"要加压，这种解决方法不是他自己能说了算的。一旦外部协调失利，就只剩下坐等结果，叫苦连天了。这是一种典型的没有担负起自己应尽职责的表现。

既然任命你来担任这个行政经理，那么在这个领域内，如果没有外部的支持，你自己能不能把出现的问题都摆平？这是一个挑战，也是一个基本的要求。如果凡事都要上级出面，上级协调，上级努力，那还要你这个行政经理做什么？处处都协调，事事都汇报，没有上级介入就解决不了问题，那么经理就不是经理，而是情报员和督办秘书了。

所以，在执行领域，所有的组织都应该强调基于有限解决的责任。

什么是有限解决？所谓"有限解决"，就是由于内部或外部的局限，导致问题无法全部消除、无法从根本上解决，但是可以基于自己能够掌控的资源，解决一部分，控制住蔓延的趋势和不好的影响。在"厕所问题"上，即使没有外部支持，行政部经理依然可以采取行动。比如说，封闭七楼的厕所，跟大家沟通好，讲明是水压出问题了，让大家克服一下困难到五楼或者三楼去。这样，虽然大家会麻烦一点，但是七楼就不会出现很糟糕的情况了。问题的根本原因虽然没有得到解决，但是问题的结果被控制了。这种解决问题的方式就是有限解决。

解决问题需要调动资源（人、财、物、信息、制度），每个中层干部都期待着能得到外部的支持，特别是来自领导的支持，从而调动更多的外部资源，使问题得到根本解决。但是如果没有外部资源、没有领导支持怎么办？

一个行政经理，确实没有大笔经费决定权，不能投入十万元去加压。但是就可以面对问题袖手旁观、置身事外吗？作为中层干部，基本的职责要求是在没有外力支持的情况下，也能有限解决问题。

很多人和这位行政部经理一样，看到了问题，发现了原因，于是想根本地解决问题。但是面对问题时，才发现自己力量不足，别人又不配合自己，于是除了诅咒和抱怨就什么也不做了。这是完全错误的。所谓"扬汤止沸不如釜底抽薪"，但是釜底抽薪是需要资源和能力支持的，如果釜底抽薪不具备条件，就可以眼睁睁地看着锅烧漏了吗？至少也要知道朝锅里添一瓢凉水来止沸吧。这就是有限解决所体现的责任意识。没有责任感，就是失职。

儒家典籍《大学》说："大学之道，在明明德，在亲民，在止于至善。"这句话提到"至善"，所谓"至善"，就是最高境界的好，是完善的解决、全面的提升。至善是人们追求的最高境界，但是，现实生活往往不那么尽如人意。很多事情没办法全面解决，或者至少暂时没办法全面彻底地解决，只能局部地、暂时地解决，这种局部解决带来的好处叫作"止善"。止善不是百分之百的善，不是百分之百的解决。

人们在做事情时容易追求至善，凡事都想达到彻底解决的目的。作为终极目标，彻底解决是值得肯定的，但是如果作为阶段目标、眼前目标，就往往会起到反作用。为了求至善，就要想最彻底、最强有力的方案。没有资源怎么办？就要向上级伸手，写请示、打报告。一旦要求得不到满足，行动的热情就会消失，而且会很心安理得地告诉自己——不是我不尽职，也不是我不努力，是他们都不帮我。

上述工作作风是很多公司执行不力的

> "扬汤止沸不如釜底抽薪"，但如果不能釜底抽薪，至少要知道朝锅里添一瓢凉水，不能眼看着锅烧漏了。

典型原因。求至善的做事原则是有问题的，因为这种做法基于一个隐含的假设，做事就要做100分，要么就不做（0分）。而在实际的工作和生活中，在100分和0分之间，还有很多有意义、有价值、值得我们选择的状态。世界上有很多不幸的人，他们需要我们的帮助，可是我们每个人的能力都是有限的，我们的信息和我们的接触范围也是有限的，所以只能帮助眼前遇到的一个。一个与全部，是1%（甚至还远远低于1%）和100%的关系，差得太多了，但是我们能放弃这一个吗？不能！我们帮了一个，很少；但是如果人人都帮一个，那么就可以帮助很多。我们不能帮助全天下不幸的人，但是我们帮了眼前遇到的，如果人人都帮助眼前遇到的，那么天下不幸的人就都能获得帮助。

我们经常会听见一些人在抱怨，抱怨现实中有太多的不如意，同时又慨叹自己的力量太渺小，不能改变现实。从抱怨到愤慨，一副铁肩担道义、众人皆醉我独醒的样子，这样的人是有问题的。抱怨有什么用？你为问题的解决贡献了什么呢？

"与其诅咒黑暗，不如举起手中小小的蜡烛！"一个人的力量微薄，但是如果人人都举起自己的蜡烛，光明就到来了。

2. 抵御诱惑

公司的执行问题，首先会受成本的制约。比如，如果A公司现在有二十万元的厕所维修基金，那么水压问题就会迎刃而解。很多企业都是这样，富裕的时候一切欣欣向荣，什么问题都能解决，一旦资金出了问题，一切问题就都暴露出来了。我们可以把这种现象称为"成本之剑"，只要有足够的钱，这把剑就不会砍下来，但是一旦资金出现问题，这把剑就会让一切东西都一

第七章 该做不该做

团糟。需要反思的是,在最开始的时候,是什么力量推动公司的领导者把摊子铺得这么大,让运转成本这么高?是谁把"成本之剑"高高地悬在了公司的头顶?是虚荣和短视。

既然这座大楼没有那么大水压,为什么要建那么多冲水的茅坑?还不是为了气派,为了形象好?名利名利,名在利前,名的诱惑是很强大的。为了求名,决策者常常陷入作茧自缚的怪圈,难以自拔。

在铺摊子、上规模的时候,宏大的场面、宏伟的构思、恢弘的气度往往让社会关注、让媒体追捧,决策者自己就处于一种"舆论麻醉"的状态。在舆论的关注和夸赞面前,理性停电了,大脑进水了,整个神经处于亢奋,心里想的就只有一件事情——我要给所有的人一个惊喜,一个震撼。

很少有人能抵御名利的诱惑。诱惑是前进的动机,也是前进的陷阱。一个有强烈成功愿望、有强烈开公司动机的人,既会被自己的动机推动,也会被自己的动机害死。保持可能与现实、愿望与能力的平衡,这是唯一的良药。

战略首先就是确定不做什么,其次才决定做什么。随着事业的发展,企业领导每天进行的否定型决策会越来越多。在追求诱惑的过程中抵御诱惑,这个充满矛盾的主题贯穿于成功企业家的一生,也贯穿于所有世界级长青公司的商业决策过程的始终。

收缩战线,特别是在进攻顺利、全面开花的时候收缩战线,过过紧日子,这是一件艰难无比的事情。但是,历史和现实确实都证明了,扩张速度过快往往是崩溃的开始。

> 下属可以选择公司,但是老板不能选择自己。

例如三株公司,当年如果慢下来,把拳头收回来,可能会积蓄更多的力量,也就不会出现"其兴也勃焉,其亡也忽焉"的局面。急切扩张上规模会让公司发臭烂掉!

3. 忠诚度管理

下属可以选择公司，但是老板不能选择自己。一个公司在发展的过程中会遇到自己的"天花板"。这个"天花板"就是公司创始人的能力上限。如何超越自己的能力上限，推动公司发展，这是每个公司创始人都会面临的挑战。

出路有两个：一个是提升自己，一个是借助外力。提升自己不是短期能实现的，个人想在短时间内实现飞跃式发展，这几乎是一个神话。但从长期来讲，提升自己是必须的。让自己和公司一起成长，这是一个永远充满朝气的选择。

那么，如果自己的能力已经不足以承担的时候，该怎么办呢？就要考虑借助外力。通过别人完成任务，这本来就是管理的精髓所在。可以外包，可以内选，可以空降，反正是要找到能人，把公司的管理交给他来做。

公司创始人中能做到这一点的人不在少数，但是能把这一点做好、做出效果的人并不多。原因就在于，要有宽广的胸怀去接受一个比自己强的下属，看着他把自己不擅长的事情做得有声有色，看着下属们夸奖新来的领导比自己会管理，看着一个外人打磨和修剪自己一手建立起来的队伍，看着自己亲手缔造的公司逐渐打上别人的烙印……这一切都是很艰难的。只有拥有宽广的胸怀，才会拥有宽广的事业。

美国钢铁大王安德鲁·卡内基的墓碑上写着这样的句子：安息在这里的人，在他的一生中，起用过许多比他自己更优秀的人。

因此，"育人"与"荐才"永远是组织的最高功绩。只有奖励伯乐，让伯乐比千里马过得更好，才能涌现更多的伯乐去寻找更多的千里马。

领导的关键就在于如何调动"专家"，调动比自己强的人为企业服务。比如，刘备文不如孔明，武不如关张赵，但是他善于调动这些人，让这些人在自己的领导下忠诚地开展工作,充分地发挥才能,所以刘备才能安然称帝,成就事业。

公司规模越大,业务越复杂,一把手所做的关于"人"的工作就越多。而这些工作中最核心的就是:找到需要的人,把这个人放在合适的位置上,维持他的忠诚。

忠诚度管理是最高境界的管理。保持下属的高忠诚,离不开三件事情:

(1)打旗的问题。例如,水泊梁山打出了"替天行道"的大旗,此旗一出,众人欢欣鼓舞。在山寨的人,感觉生活有了出路,从强盗贼人变成了正义的守护者;不在山寨的人,感觉选择有了理由,从上梁山当强盗,变成了上梁山维护正义天道;搞后勤烧火做饭喂马的人,感觉生活有了意义,从伺候别人打零杂,变成了为正义而伟大的事业做贡献;山前开黑店打家劫舍的人,感觉行动有了决心,从劫道变成了行道。

> 公司规模越大,业务越复杂,一把手所做的关于"人"的工作就越多。而这些工作中最核心的就是:找到需要的人,把这个人放在合适的位置上,维持他的忠诚。

(2)给回报的问题。人分三六九等,需求各有不同,要满足各自不同的需求,使他们团结在目标的周围。给回报,首先求的不是改变动机,而是保持目标行为。因为只要有了革命的行为,革命的动机就会逐渐形成的,因为革命过程本身就是一个大熔炉。

(3)互相依赖的问题。如前所述,《西游记》取经团队中有四个人一匹马,为什么只给孙悟空戴紧箍,不给猪八戒、沙和尚或者白龙马戴呢?

原因就在于其他成员对团队的依赖性高,离开团队就到不了西天,达不到目标。但是孙悟空不一样,离开团队依然可以生活得很好,做自己的齐天大圣,相反,团队离开他却无法到达西天。这就是依赖性的失衡。能人往往让这种依赖性出现失衡,所以对于团队中的庸人,不用担心他的忠诚度,恰恰是团队中的能人让人担心。怎么办？办法就是给他戴个紧箍，到了目的地再摘。这样，能人也有弱点了，虚弱了，也离不开队伍了，于是对能人忠诚的信心也就建立了。

其实，"紧箍咒"不仅对团队有好处，对能人自己也是一个证明和肯定。孙悟空要想在团队里获得认可和肯定，就应该乖乖地把紧箍戴上，并且在别人怀疑自己忠诚的时候，很认真地说自己盼望、渴望到西天摘紧箍。古今中外，很多能人良将都是使用这种方法让自己的忠诚被别人认可的，不仅促进了团队内部的稳定、最终目标的达成，也保证了自己的安全。

前面提到的A公司，其问题在于：用了一个总经理，不会选择和激发下属，出了问题没有督办，没有反馈，下属做事情有问题也不能及时纠正；用了一个基建经理，做事推诿搪塞，推一推，动一动，没有一点敬业精神；用了一个行政经理，基本上就是传话筒，面对困难时不知道先把事态控制住，不具备中层干部实施有限解决的执行力。尤其是总经理，发现问题，却没有分析没有战略对策，不能从"用人"这个根本点上进行反思，反而找具体工作人员发脾气。

> 战略目标确定之后，干部问题是关键。

所有这些都印证了一个观点：战略目标确定之后，干部问题是关键。

拿破仑说：一头雄狮带领的一群绵羊可以打败一只绵羊带领的一群雄狮。

4. 细节的选择

厕所发臭是一个细节，一个厕所发臭的公司能不能成为好公司？答案是不能。一个厕所发臭的公司不能成为好公司，并不是因为它的厕所臭，而是因为厕所臭这件事情反映出了公司在系统结构内部存在的一些致命的问题，

第七章 该做不该做

是这些问题让其无法成为好公司。

这是一个现象和本质的关系问题。很多表面的现象都是由深层的原因引起的，很多细节的漏洞都是由系统内部的问题造成的。

所以，公司"厕所发臭"这样的问题上报到总经理的时候，作为领导的总经理首先应该考虑，为什么这个问题会上报到自己这里来？说明公司内部系统存在重大隐患，下边的执行环节出了问题。领导如果从这个角度考虑和解决问题，不但七楼的厕所发臭问题会解决，而且以后其他楼层的厕所也不会再臭了。

人们都会念一句管理口诀：细节决定成败。但实际上，不是细节决定了成败，而是你选择关注哪个细节，不关注哪个细节，以及如何关注选中的细节，正是这些决定了成败。一个公司事情千头万绪，一个老总如果每天都纠缠于电灯关没关、厕所臭不臭、着装是否整洁、地面是否干净、统计资料小数点后边有几位……那么这些海量的细节可以直接把领导淹没。成败时刻还没有来临，领导自己就先崩溃了。所以，关注细节是必要的，但是要看你关注哪些、不关注哪些。关键在于选择。

> 没有选择，细节就是灾难。不是细节决定了成败，而是对细节的选择决定了成败。

一个战略家，就要在最关键的战略方向上关注最细致的细节，这是一个选择的问题。没有选择，细节就是灾难。拿着显微镜是看不见大象的。必须要有整体关注，有战略思考，然后再有选择地去关注个别的细节。必须要对看到的细节进行筛选，对细节进行定向思考。所以，不是细节决定了成败，而是对细节的选择决定了成败。错误的细节管理，会让公司陷入泥潭！

正像我们看到的，A公司在发展战略上有问题——没有那么大水压，却建了那么多蹲坑，不过这可以通过重新投入成本、增加水压的办法来解决；可偏偏公司没那么多成本预算，无法在短期内迅速地从根本上解决。这时依然有解决办法，可以通过人尽其职，以有限解决的手段控制事态的发展；可偏偏具体负责的人没有基本执行力，无法做出贡献。不过这也可以解决，可以通过选用合适的人，形成一个责任系统，互相支持、互相补台来挽救；可偏偏公司在用人上也有问题，领导者没有正确的理念与适当的行为，相关执行者没有责任意识和协调精神。不过，仍可以通过一些细节发现问题，并且给予迅速有力的纠正；可偏偏公司高层领导不知道如何有选择地关注细节，要么就视而不见，要么就暴跳如雷，缺乏一个战略家的理性和眼光。

所以，公司厕所为什么发臭？根本原因只有一个——就是人。是那些不知道该做什么、不该做什么的人在让公司厕所发臭！

长 话 短 说

本章主要讲的是责任意识。

陈平、丙吉的例子告诉我们，面对头绪繁多、细节复杂的工作，选择比努力更重要，如果不加区分和筛选，只是闷头下笨功夫，用傻气力，那么到头来有可能费力不讨好，做了无用功。作为领导，对于那些例行的、有人抓有人管、岗位职责很清晰的工作，领导根本就不用操心。而对于那些关乎全局、没人抓没人管的事情，哪怕是一点点小小的迹象，也要给予足够的关注。

每个干部都不是在代表自己做事情，而是在代表上级做事情、代表组织做事情，遇到上级没想到的、组织上没考虑到的，应该努力提醒。不应该不反映、不汇报、不提建议，自己闷头就干，更不应该以个人的名义把事情做了，把功劳揽在自己身上。做好事要看清自己的角色，不能做超越角色的好事。当干部有所为比较容易，有所不为就比较难了。

在执行领域，所有的组织都应该强调基于有限解决的责任。所谓"有限解决"，就是由于内部或外部的局限，导致问题无法全部消除，无法从根本上解决，但是可以基于自己能够掌控的资源，解决一部分，控制住蔓延的趋势和不好的影响。

所谓"扬汤止沸不如釜底抽薪"，但是釜底抽薪是需要资源和能力支持的，如果釜底抽薪不具备条件，就可以眼睁睁看着锅烧漏了吗？至少也要知道朝锅里添一瓢凉水来止沸吧。这就是"有限解决"所体现的责任意识。没有责任感，就是失职。

战略首先就是确定不做什么，其次才决定做什么。随着事业的发展，企业领导每天进行的否定型决策会越来越多。在追求诱惑的过程中抵御诱惑，这个充满矛盾的主题贯穿于成功企业家的一生，也贯穿于所有世界级长青公司的商业决策过程的始终。

拿着显微镜是看不见大象的。一个公司事情千头万绪，一个老总如果每天都纠缠于电灯关没关、厕所臭不臭、着装是否整洁、地面是否干净、统计资料小数点后边有几位……那么这些海量的细节可以直接把领导淹没。成败时刻还没有来临，领导自己就先崩溃了。所以，关注细节是必要的，但是要看你关注哪些、不关注哪些，关键在于选择。没有选择，细节就是灾难。必须要有整体关注，有战略思考，然后再有选择地去关注个别的细节。必须要对看到的细节进行筛选。不是细节决定了成败，而是对细节的选择决定了成败。

第八章 借来慧眼看莲花

　　一个人能把工作干好，是三个关键变量相互作用的结果，即"能力"加"态度"再乘以"环境支持"。能力和态度的组合，是在长期的行为过程中形成的一种带有自动反应和习惯倾向的组合。能力倾向和态度倾向在外部因素和内在动机的推动下，形成稳定的、带有习惯反应的行为模式，就是胜任要素。

第八章
借来慧眼看莲花

事　典：御臣之术
时　间：大唐贞观年间
地　点：唐都城长安（今陕西西安）
对话者：李世民、魏徵
出　处：《全唐文》卷一百三十九

> 知臣莫若君，知子莫若父。父不能知其子，则无以睦一家；君不能知其臣，则无以齐万国……然而今之群臣，罕能贞白卓异者，盖求之不切，励之未精故也。若勖之以公忠，期之以远大，各有职分，得行其道。贵则观其所举，富则观其所养，居则观其所好，习则观其所言，穷则观其所不受，贱则观其所不为。因其材以取之，审其能以任之，用其所长，掩其所短。进之以六正，戒之以六邪，则不严而自励，不劝而自勉矣。
> ——《全唐文》卷一百三十九

"大德始于自制，大智莫若知人。"高尚的道德都是从自我管理和自我约束开始的，高明的智慧往往表现在看人知人的能力上。

在孔子的众多学生当中，我特别喜欢子贡。《史记》在给孔子的诸位学生作传的时候，在子贡身上用的笔墨是最多的。子贡一个人一张嘴，存鲁、乱齐、亡吴、霸越而强晋；子贡既是知识分子又会做生意，由于做买卖很成功，被后世奉为商人的典范；孔子的晚年生活得到了子贡的很多照顾，临终的时候子贡也在身边。后来子贡为孔子守孝三年。

子贡还有很高超的看人能力。《孔子家语》记载了一件事情：邾隐公来见鲁定公，子贡在旁边，看到邾隐公把玉交到鲁定公的手里。邾隐公交玉的时候趾高气扬，高高地举着玉，脸向上仰着；鲁定公接玉的时候低声下气，身姿低低的，脸也朝着地。子贡说："正月的见面是一个非常重要的仪式，而参与的双方都没有很好的表现，都失态了，这说明参与人的心神散了、心智乱了。这么重要的事情都做得这么不到位，怎么可能活得长久呢？头高高仰着是骄傲，头低低俯着是衰弱。骄傲接近作乱，衰弱接近得病，估计都活不长了。鲁定公是主人，要出问题首先应该是他。"后来子贡的判断果然得到了应验。

从接东西的一个小环节就能看到一个人的未来，甚至能判断出荣辱存亡，这的确是一种很高明甚至让人感觉有些神奇的智慧。

管理的本质在于通过别人来完成工作。领导每天要关注的大事之一就是人才的选用和培养。跟人打交道是领导最主要、最核心的工作，具备一定的观人识人的智慧，是一个领导干部应该具备的基本素质。有一双慧眼，才能真正看清眼前形形色色的人，才能从芸芸众生中选中你要找的人。

《旧唐书·魏徵传》记载，大唐名臣魏徵在去世之前，给李世民留了一份遗稿。李世民曾经当着满朝文武说："夫以铜为镜，可以正衣冠；以古为镜，可以知兴替；以人为镜，可以明得失。朕常保此三镜，以防己过。今魏徵殂逝，遂亡一镜矣！"

李世民接着提到，魏徵去世后，在他家里发现了一份没来得及写完的上奏文稿，因为字迹潦草，几乎难以辨认了，只有开头的几句是清楚的，上边写着："天下之事，有善有恶，任善人则国安，用恶人则国乱。公卿之内，情有爱憎，憎者唯见其恶，爱者唯见其善。爱憎之间，所宜详慎，若爱而知其恶，憎而知其善，去邪勿疑，任贤勿贰，可以兴矣。"

魏徵不愧是大唐名臣，寥寥数语就道出了领导者在知人用人方面的软肋所在。干大事业关键在于用人，用人的好坏直接决定事业的成败。但人都是有感情的，有的时候，应该用的人往往是你看着不顺眼的人，不该用的人往往又是你看着顺眼的人。在选拔和使用人才的过程中，控制住自己的爱憎、抛弃私人恩怨是一个重大的挑战。领导者需要做到"爱而知其恶，憎而知其善"，就是说，再喜欢的人也要能知道他的短处，再憎恨的人也要能知道他的长处。

能够让自己的理性脱离爱憎情绪的束缚，保持清醒的头脑和深邃的洞察，这就是慧眼。

大处看天下，小处看人

在用人识人方面，魏徵给李世民提出了一个基本的建议："贵则观其所举，富则观其所养，居则观其所好，习则观其所言，穷则观其所不受，贱则观其所不为。因其材以取之，审其能以任之，用其所长，掩其所短。"

这个建议的内容最早可以上溯到《吕氏春秋》，里面记载了这样的看人要诀："凡论人，通则观其所礼，贵则观其所进，富则观其所养，听则观其所行，止则观其所好，习则观其所言，穷则观其所不受，贱则观其所不为。"这个方法可以概括为"八观"。

魏徵对"八观"做了简化，讲了"六观"。其实无论是"八观"还是"六观"，都代表了中国古代的管理思想家在看人上的一个基本态度，就是看行为、看表现，通过行为和表现去推断当事人的内心世界，预测当事人的未来行动。

（1）通则观其所礼。一个人发达了，要看他是否还谦虚谨慎、彬彬有礼、遵守规则。

（2）**贵则观其所进**。一个人地位高了，要看他推荐什么人。他提拔什么样的人，他就是什么样的人。

（3）**富则观其所养**。一个人有钱了，要看他怎么花钱，给谁花，花在什么地方。人穷的时候节俭，不乱花钱，那是资源和形势造就的；人富了以后还能保持节俭，才是品行的体现。

（4）**听则观其所行**。听完一个人的话，要看他是不是那样去做的。不怕说不到，就怕他说了做不到。

（5）**居则观其所好**。通过一个人的爱好，能看出这个人的本质。

（6）**习则观其所言**。第一次跟一个人见面的时候，他说的话不算什么。等相处得久了，再听听他跟你说什么，是不是跟当初一致，跟当初的差别越大，人品越不好。

> 人穷的时候节俭，不乱花钱，那是资源和形势造就的；人富了以后还能保持节俭，才是品行的体现。

（7）**穷则观其所不受**。人穷没关系，穷人不占小便宜，这样的人本质好。

（8）**贱则观其所不为**。人地位低没关系，不卑不亢，保持自己的尊严，这样的人本质好。

以上就是看人"八观"。我们在平常的工作、学习和生活当中，面临很多的选人环节，如果本质没有看清楚，就会出大问题！形象越好，能力越强，其杀伤力就越大。"八观"中至少能占六条，才能算本质好；占五条算及格；五条以下就太可怕了，不能考虑。

三国时有一个著名人物刘邵，曾作《人物志》三卷。刘邵在《人物志》里主张，人的言行和内心往往不一致：

第八章
借来慧眼看莲花

轻诺似烈而寡信，多易似能而无效，进锐似精而去速，诃者似察而事烦，诈施似惠而无终，面从似忠而退违。此似是而非者也。亦有似非而是者：有大权似奸而有功，大智似愚而内明，博爱似虚而实厚，正言似讦而情忠。夫察似明非，御情之反，有似理讼，其实难别也。非天下之至精，孰能得其实也？

所以凡选才，不但要"观人"，更要"验事"。观人是看一个人的言行，但是一个人的言行往往不足以反映他的整体状况，因此还必须"验事"，就是看他过去都做了些什么，取得了什么成就，在哪些方面展现出了自己的才华。这样才可以避免一些错误和风险。

《庄子》里提出一个看人模型叫"八验"。其内容包括：

（1）**远使之以观其忠**。把一个人派到很远的地方，做一件很小的事，看他能不能做到位，以此来判断一个人的忠诚度。

> 夫察似明非，御情之反，有似理讼，其实难别也。

（2）**近使之以观其敬**。把下属放在身边工作，工作之外相处多一点，看他对你是不是够尊敬，以此来考察他的自我定位。要让下属明白，跟领导的关系再好，该尊敬还要尊敬，工作还要做到位。下属必须清楚自己的角色定位。

（3）**烦使之以观其能**。领导不断地给下属压担子，看他的能力倾向。作为员工应该记住：领导在提拔你之前，一定会不断给你加压。

这时候你需要做两件事：第一，能做的就做，做不到的，要如实跟领导说。领导是故意让你做不到，看看你做不到时是不是主动说。你明明做不到还承诺，说明你虚伪。第二，如果你做不了，要当面跟领导说"我做不了这么多"，不能当面跟领导说"好好好"，背后发牢骚，你这叫"两面三刀"。所以当领导反复给你压担子时，能做几件是几件，实在做不完的，要坦荡跟领导说"我能力有限，做不完"，而且永远不要发牢骚。

（4）**猝问之以观其智**。突然问下属一个问题，看他的反应速度、智谋、思想的成熟程度和工作能力。突然发问，下属没有时间准备，以此来看这个人的水平。

（5）**急与期以观其信**。突然约会，看一个人的信誉。突然的约会不要随便答应，如果你在约定的时间根本到不了还爽快地答应人家，说明你信誉不好。

（6）**醉以酒以观其性**。一个人喝醉酒之后，可以看出他的性格。如果醉酒之后的行为跟清醒时差别很大，那么这个人很可能性格扭曲、心里阴暗，比较可怕，不能用。

（7）**杂以处以观其色**。把下属放在复杂的人际关系里，看看他跟别人打交道的能力如何。

（8）**示以利以观其廉**。给下属一点儿好处，看他是不是喜欢占便宜。

将"八观"和"八验"合在一起，一共是十六条。我们建议，一般的人事选拔，要占到十条；重大的人事选拔，要能占到十四条，或者退而求其次，占到十二条。如果某人能占到十四条以上，说明这人能成大事，即使他目前的水平不高。你应该跟这样的人交朋友。

如果你自己运气不好，认识一个运气好的人，运气可能就转了；如果你自己地位不高，认识一个地位高的人，你的地位也许就高了；如果你自己能力不强，认识一个有能力的人，你的能力可能就提升了。这叫作"通过人际平台提升自我"。生活中一旦遇到这类优秀的人，不可失之交臂。

> 企业竞争在本质上是人才的竞争。

基于胜任要素的选拔

企业竞争在本质上是人才的竞争。选人、用人历来都是一个大问题,特别是一些重要岗位的干部,到底该用什么样的标准来选,这是一件关系企业发展的大事。有人说看能力,有人讲看态度,有人主张看业绩。现代管理理论和实践给我们的答案是:选人要看胜任要素。

有一家公司要给老总选司机,招聘的时候出了一道问答题:开车的时候你在想什么?答案五花八门,有人说开车的时候在想汽油真贵,有人说在想车要是有翅膀飞起来就可以不怕堵车了,还有人说开车在想今晚回家吃什么。而最终被录用的那个人的答案是:开车的时候我在想,下一个拐角会不会出来人。

给领导开车,最重要的是安全。安全导向的司机,一个重要特征就是注意力集中,对突发情况提前做好准备。这种准备是一种行为模式,是在长期实践过程中训练出来的防范意识。

武侠小说里说契丹人天生都是武士。为什么契丹人天生都是武士呢?有一个很说明问题的细节。大宋和契丹开战的时候,看到水源,两军喝水的方法完全不同。宋兵把枪往地上一扔,趴下来牛饮;契丹武士则是右手握枪,半蹲着用左手往嘴里撩水喝。这个姿势可以保证一旦有敌人来攻击,可以第一时间发现,并且能在最短时间内站起来迎敌。如果用宋兵的姿势喝水,一旦敌人突袭,就会兵败如山倒。尽管不是每次喝水都会遇到敌人,但是契丹人每次都做好迎敌的准备,时刻准备着。一种行为被固化了,变成了一种习惯或行为模式,这就是胜任要素。胜任要素的本质是长期的态度和技能训练过程中形成的一种行

> 一个人能把工作干好,是三个关键变量相互作用的结果,即"能力"加"态度"再乘以"环境支持"。

为模式。

一个人能把工作干好，是三个关键变量相互作用的结果，即"能力"加"态度"再乘以"环境支持"。能力和态度的组合，不是简单的组合，而是在长期的行为过程中，形成的一种带有自动反应和习惯倾向的组合。能力倾向和态度倾向在外部因素和内在动机的推动下，形成稳定的、带有习惯反应的行为模式，就是胜任要素。

聪明人不一定成功。聪明的员工和胜任的员工，主要区别就在于二者的行为模式不一样，而这种行为模式不仅仅与知识、能力有关，更与意志、品质、个性心理和个性倾向等要素直接相关。一个人的心理状态、素质状况像一座冰山，水面以上显露的部分是行为、技能、知识、经验，这些都是可以直接观察到的；但是水下的部分，包括态度、角色、自我概念、个性、动机等因素，就看不见了，要通过测试来了解。真正成功的人不是智力上超常，而是在人格、意志、品质上超常。真正支撑一个人成功的是进取心、自信和坚忍不拔。也可以说，胜任要素正是融合了这些心理素质和稳定的行为倾向。

卓越是一种习惯。"能力"和"态度"在"环境支持"下经过反复磨炼，经过习惯化、模式化，就形成胜任要素，表现在行为上，就是言行举止中显示出来的胜任特征。比如说军人以服从命令为天职，一个军人被叫到名字，第一个反应就是双脚立正，同时马上喊"到"，这就是一种习惯行为特征，它代表了胜任要素。每一个行业都有自己的行为特征，如果你想在某一个行业发展，那么你最好提前训练一下你的习惯行为特征。

> 卓越是一种习惯。好习惯像金子一样珍贵。

一个人的核心行为分三种：第一是知识导向的学习行为，第二是感情导向的生活行为，第三是物理或者生理导向的锻炼行为。这些都是训练胜任特征的好领域。

写诗功夫在诗外,其实做工作也是这样的。经常看到有人吃饭的时候,会把手机或者钥匙往桌子上一放,然后开心地交谈,开心地吃,离开的时候,注意力只在送人告别上,早把自己的随身物品忘到九霄云外去了。其实这都是没有好习惯的表现。

好习惯像金子一样珍贵。一个儿童大约两周就可以培养一个好习惯,但是随着年龄的增长,可塑性逐渐下降,所以要养成好习惯,就应该抓紧时间趁年轻赶快行动!这是在给自己的一生积累财富。

关于建立习惯,我有些建议和想法:

- 两点之间,习惯最短。习惯改变了我们做事情的方式,帮助我们节省精力。习惯来源于重复和坚持。
- 养成习惯的过程中,要有明确的自我承诺。要给自己下保证,落实到书面,并且要把每天完成的任务定时、定量。奖励自己的坚持,惩罚自己的惰性和偷懒行为。
- 一开始目标不要太大,要保证自己可以完成。每次一小步,持续进步。
- 向好朋友宣布自己的决定,获得支持和监督。
- 每天记录自己的进步,鼓励自己前进。每天清晨和黄昏静心内省,检讨自己,发现不好的苗头及时纠正。
- 选择一个榜样,最好能和榜样进行交流和沟通,向榜样学习。研究发现,榜样的示范效应中,榜样的可接近性是一个重要指标。被大师收为徒弟以后,即使接触的时间和频率不增加,进步的速度也会大大提高。因为成为大师徒弟这件事本身就起到了潜能激发和暗示引导作用。
- 给自己一个外在的责任。当我们为别人承担责任的时候自己就会强大起来。我们和自己要保护的人其实是一样的,我们也有同样的软弱、同样的困惑,但是有一种力量能让我们超越自己变成强者,这种力量就是意识到自己对别人负有责任。

胜任要素在行为上的表现就是胜任特征。我们在选拔人才的时候，只要将胜任要素定位准确，然后就可以按照这些要素，考察候选者的行为特征是否符合即可。例如，优秀服务人员的核心要素是"对人的需求和心理状态的敏感性"。符合这个要求，就具备了做一个优秀的服务人员的基础。

我曾经设计过一个招聘服务人员的标准，就是通过倒水的细节观察一个候选者的胜任特征。面试的时候，一张桌子，桌子上放一个水杯，我坐在桌子后边，对面是面试者的座位，水壶放在他凳子的侧后。开场白之后，我拿起水杯，一饮而尽，把杯子一放，说："哎呀，好热的天啊！"说完了故意瞄一眼水壶，然后就观察应试者的反应。

他们基本上有三种反应：第一种，见我喝完水了，马上站起来说："老师，我给您倒水吧。"这样的应试者都能入选，因为他们对别人的需求状态比较敏感。第二种，看我评论天气，就笑呵呵地附和说："今天的天真是挺热的。"然后瞅着你，等待开始，这样的人就不够敏感。第三种，站起来并不先去倒水，而是首先会问一句："老师，要不要我给你倒点儿水呀？"这样的人，第一比较敏感，第二能把握自己的角色，在做事情之前先征求主导者的意见。第一种直接倒水的人是很出色的营业人员，第三种询问一下再倒水的人，不但有敏感性，还有角色意识，可以做管理工作。

在工作中每个管理者都要关注下属和自身胜任能力的培养。这些胜任特征可以从一个典型人物——猪八戒身上看到。猪八戒身上有三大优点：

第一，猪八戒最喜欢的人是谁？嫦娥！一头猪，能够不怕世俗偏见，不怕冷嘲热讽，勇敢地追求嫦娥，这是什么精神？这是对理想的执着。人在事业开始的阶段，没经验、没积累、没成就，不会说话办事，甚至连最基本的穿衣戴帽都不懂，在这样的状态下，要保持对未来的信心，坚持远大的理想。只有坚持下来，才能真正走向成功。

第二，职业道路上一旦出了问题，猪八戒要回哪里？不是去找嫦娥，而是回高老庄。理想决定未来，但是理想不能帮人渡过眼前的难关。所以还要有一个退路，一旦事业上出问题了，可以退回去积攒体力、医治创伤，以备东山再起，这叫"务实的底线"。没有了务实的底线，理想越远大越会流于空想和妄想。因此，要把远大理想和务实的退路结合起来。

第三，猪八戒在取经路上最喜欢做的事情是什么？就是吃美食、看美女。他对所有的美女都保持了高度的敏感性，不管是猴哥变的、妖怪变的、还是神仙变的、菩萨变的，都一律上去叫"姐姐"。而且，每次被猴哥羞辱、被妖精捉拿、被神仙嘲笑之后，猪八戒都不会受影响，下次看到美女依然上去搭讪，这是什么？这是反应模式的稳定性。做事业就是要有这种稳定和坚持，不管遇到什么困难、遭受多少打击，都能坚持一种行为模式，风吹雨打不回头。

总之，在追求事业的道路上，只有具备了远大的理想，加务实的底线，再加上反应模式的稳定性，才能够真正克服困难、经受住考验并取得成功！

心智模式阻碍执行

做事情的过程中，最大的障碍其实来源于执行者自身的心智模式。阻碍执行的因素有以下六个。

1. 追求完备

谈古论今

西蜀边境有两个和尚。一个穷和尚，一个富和尚。有一天，穷和尚对富和尚说："大哥，我要到南海去拜观音，你觉得如何？"富和尚把嘴一撇，说："我已经准备好几年了，想买条船驾船到南海去，都没去成。你一个穷光蛋，靠什么去？"穷和尚却说："我带件换洗衣服，拎个饭盆，再带瓶矿泉水，就可以去了。"富和尚撇撇嘴，心想："你可真逗啊，就这样你根本去不了。"结果，一年之后，穷和尚从南海回来了，富和尚很惭愧。

从四川边境到南海，有几千里的路。为什么富和尚去不了，穷和尚却能去？回过头来看看我们的现实生活，为什么有条件的人没做成的事情，不具备条件的人反而做成了？在科研中也有类似情况：为什么研究条件好的人没研究出的定律，却被那些研究条件差的人给研究出来了？这就是我们发现的一个重要现象：具备条件的人，在达到一定程度的时候，其执行力就会降低。为什么是这样呢？有三个因素：

第一，一个人一旦有了充分的资源，就想把自己所有的资源都发挥出来。神仙太多了，哪个神仙都不管事。但是如果只认识一个神仙，盯紧了他，可能就办成事了。所以有时找五个人办不成的事，找一个人反而能办成。这叫"力量分散"。越是想发挥所有的资源，力量就越分散，一旦力量分散了，事就办不成了。比如，手里攥着一百万元，就会想着这一百万元怎么花，这样一来六十万元的方案根本就不考虑，非要做个一百万元的方案！

结果可能错失良机。

第二，因为资源比较完备，所以就想做一个更加完美的计划出来。在计划上花了大量的时间，但是却没有行动。这等于说，在图纸上画了十年，却没有去盖房子。结果画出的只是一张图纸、一件艺术作品。别人的图纸虽然不完美，但是人家的房子已经盖起来了，住进去了。总想做出一个完美的方案后再行动，结果永远在设计中，没有行动。总想做一个特别棒的方案，结果到最后什么都没有。

第三，总想着把事情从一开始就做得滴水不漏。要知道，事情总是变化的，是需要调整的。不要因为眼前的框架方案有漏洞就不敢行动，因为漏洞可以在前进中调整。比如上班前，是否需要在家里把身上所有的衣服都弄得整整齐齐的？其实不用，上班的路上一样可以调整。在路上可以把领带打好，可以穿上大衣，没必要在出发之前把所有事情都做得那么妥帖。

追求完备的人有两个特点：第一，性格上追求完美；第二，拥有很多的资源。其实资源有限就可以了，资源太多反而会成为累赘。做事情的时候，准备到60%就可以动手了；如果准备到80%，就必须动手了。剩下的20%怎么办？可以在前进中调整。资源太多是累赘，我们要坚守80%的原则。如果准备的程度超过了80%，再准备反而会阻碍执行的效率。

用一条曲线来描述，执行的效率和准备的程度是一个开口向下的抛物线关系。随着准备程度的上升，执行的效率也会上升。但是，当准备程度达到80%左右之后，再增加，执行效率反而会缓慢下降。所以，我们要守住80%的原则，凡事准备到八成就可以动手了。

2. 争议结果

有一个很有意思的小故事。

谈 古 论 今

哥仨在旷野里打猎,个个强弓硬弩,技术很高。正在打猎的时候,他们发现天上飞过一群大雁。

哥仨张弓搭箭正要射的时候,老大说了句不该说的话:"好肥的雁啊!要是红烧,肯定好吃!"老二就说:"你会吃不会吃啊?现在都讲究什么?烧烤!红烧哪行啊!雁当然要烤着吃,多放点孜然和辣椒,味道才叫好呢!"老三说:"你们俩得了吧,会不会养生啊?这个季节要进补,什么最补?炖汤最补!这雁明摆着炖汤最好。"

就这样,哥仨发生了激烈的争论:老大说一定要红烧,老二说一定要烧烤,老三说必须炖汤。三人争得面红耳赤,过了一会儿再看天上,大雁早已飞走了。

很多时候,事情还没做,大家就开始争议:这笔钱挣到了,怎么花?有人说,买车。有人说,不行,买车干吗,应该盖楼。有人说,盖楼可不行啊,不如投入再生产。于是争来争去。结果在争论过程中,挣钱的机会就被别人抢走了,争议错过了实施的机会。因此,在事情没有做之前,对结果争论太多,反而会降低执行效率。

> 在事情没有做之前,对结果争论太多,反而会降低执行效率。

那么应该怎么办?做任何事情之前,首先都要有一个一致的目标。为了在目标上达成一致,我们可以把事情分成两段:一阶段和二阶段。我们把能达成一致的放在一阶段，把不能达成一致的放在二阶段。二阶段的事，可以暂时不考虑。

孙权与刘备联盟的时候，孙权问刘备："刘皇叔，如果咱们俩一起把曹操打败了，你说天下是姓孙还是姓刘？"如果刘备说："当然姓刘！大汉的天下嘛！"那么孙权就会说："当然姓孙，因为我实力强嘛！"这样两人争论起来，也就甭打曹操了。但是刘备不这么说。刘备说："咱们现在一起努力，在第一阶段先把曹操打败。打败之后天下形势怎么样，等将来咱俩再细商量，眼前的事情是先要打败曹操。"

这就是一个很不错的执行思路：找一个大家能接受的共同目标作为第一阶段目标，先做着，以后的事情以后再说。如果第一阶段做不成，第二阶段就是空想。这就叫"回避分歧，守住一致"，这样就可以有效地提升执行效率。

3. 没有驱动

做事要有驱动力。这就好比汽车要有发动机，没有发动机，再豪华的汽车也只是一堆废铁。那么什么叫驱动力呢？下面举例来说。

谈 古 论 今

北宋四大书法家之一的米芾，号称诗、书、画三绝。其实米芾早年字写得很差。后来有亲戚建议他拜村里的一位老先生为师练习书法。于是米芾就去拜见老师。老先生说："孩子，跟我学书法要约法三章，你做到了，我保证你的书法天下第一。"米芾说没问题。老先生接着说："第一，要用我的纸、我的墨，不能用你自带的。""我同意。"米芾说，心想这下可以省钱了。

老先生一乐，又说："天下没有免费的午餐，用我的纸、我的墨，那是要钱的。纸，三两银子一张；墨，六两银子一块，要多少给多少。"这是什么概念呢？北宋年间，一户殷实人家大半年的生活费也就是六两银子。那时的一两银子，相当于现在的四五千元。换算一下，老先生的一张纸值一万多元，一块墨值两三万元！

当时米芾的心就凉了半截，他把家里所有的积蓄都带来了，一共也才十五两银子。于是米芾说："老师，这太贵了！能不能打个折扣？"老先生说："你住嘴，这就是约法三章的第三条：永远不要和我讨价还价。"

于是米芾花了十二两银子买了三张纸、半块墨，用剩下的三两银子紧紧巴巴地过这一年的生活。后来米芾发现，老先生的纸就是普通的纸，墨也是普通的墨。他心想：真黑啊，不过只要能学到真东西，我忍了。

等米芾把纸墨准备好，请老先生教自己写字时，老先生却说："我最近几天比较忙，要到邻村去开个学术会议，还要到大宋卫视录个节目，我是顾不上教你了，你先自己练吧，等我回来了再教你。"

三天之后，老先生从邻村回来了，说："孩子，把纸拿出来，让我看看你写的字。"三天时间里，米芾写的字并不多，一张纸也不过写满三分之一。但就是这些字，比他以前写得最好的字要好很多倍。

老先生说："你知道为什么在这张纸上写出来的字好吗？"米芾说："老师，您这纸是神纸，墨是神墨！"老先生说："不是。我这纸就是普通的纸，墨就是普通的墨。区别就在于，你以前写字用的纸是免费的纸，墨是免费的墨，白得来的。所以，你每一笔、每一画都是随随便便写的，写不好还可以重新写。但是我的纸墨金贵啊，每一笔花的都是你的血汗钱，所以你每一笔、每一画都是精心之作。"

第八章 借来慧眼看莲花

老先生又说："孩子，你练字练到今天，绝对不缺纵横天下的技巧，绝对已经具备了天下第一的潜质。天下第一很简单，每个人身上可能都具备天下第一的潜质，成功与否，关键在于这种潜质是否得以发挥。而用免费的资源做事情是很难发挥潜质的。你要记住：事情可以不做，但只要做，再小的事情也要有100%的投入。就如同写字，字可以不写，但只要写，不管在什么场合下，不管在什么纸上写，你都要保证每一笔、每一画都是精心之作。从今之后，只要写字，你就要当作墨是六两银子、纸是三两银子，这样才能够把字写好。投入很重要，有投入才能有发挥，有发挥才能天下第一。我并不需要教你什么技巧，你只要记住这个原则就可以了。"后来，米芾真的成为闻名天下的书法高手。

免费的资源没有投入，免费的午餐没有味道。想要真正吃出一道菜的味道，必须自己花钱买。吃不花钱的醋熘土豆丝，怎么吃怎么难吃。可要是自己掏五十元钱买一盘醋熘土豆丝，估计连盘底的油都要用馒头蘸了吃，区别就在于有了投入。

> 免费的资源没有投入，免费的午餐没有味道。

执行的动力从哪里来？四个字——利害相关。如果一件事跟你的利害不相关，你做的时候肯定不会付出100%的努力，即使做了，质量也不好；而一旦这件事跟你利害相关了，那你就会全力以赴地做。

如果有一堵高墙，你过不去，怎么办？西方有一条谚语：如果你过不了高墙，就把新买的礼帽摘下来扔过去，你一定有办法过去。这里推广一下：如果有一堵高墙过不去，怎么办？你把新买的钻戒摘下来扔过去，当场你就会有很多方法过墙。之所以找不到过墙的办法，是因为过墙这件事跟你利害不相关，墙那边没有你想得到的东西。因此，只有把成本加进去，才能找到方法；只有利害相关，才能提升效率。

■■■■■■ 谈 古 论 今

小狮子跟着母狮子学捕鹿。小鹿跑得并不快，但小狮子总跑不过小鹿。小狮子就问："妈妈，其实我比小鹿跑得快啊，可是为什么我每次都追不上它呢？"

母狮子一乐，说："孩子，你追鹿，那是游戏，追上追不上都可以，小鹿跑，却是逃命。所以从利害相关程度上来讲，你无非就是在玩，而它是在以命相搏。所以它一定会发挥得比你好，一定跑得比你快！"

母狮子继续说："为什么我能追上小鹿呢？因为我不是在游戏，我要养活咱们全家。要是追不上它，咱们全家就会挨饿。所以我肯定能追上小鹿。"

提升执行力有一个重要原则叫"雄狮搏兔"。狮子抓兔子时，就算是很小的兔子，它也一定要有追击、有埋伏、有阻击，每一下都是奋力的。做每件事情，不管大小都尽最大的努力，才能取得辉煌的业绩。

4. 习惯拖延

■■■■■■ 谈 古 论 今

老总对老王说："老王，你们部门去年干得不错啊！所以年终选先进就选你们部门。你写一份部门工作总结材料,要求一万两千字,三天之内交给我。"老王说:"行,我马上回去写。"

晚上回到家,老王跟老婆说:"老婆,你早点睡吧,今天晚上我要写材料!"老婆说:"孩子他爹,注意身体哦!"老王铺开架势,把桌子一摊,凳子一摆,刚要写,突然想:晚上熬夜,要喝咖啡,于是弄杯咖啡泡上。坐下了刚要写,又站起来,心想如果思维枯竭,要抽支烟。于是把烟和烟灰缸拿过来。屁股刚挨着凳子,又站起来了,他想什么呢,抽烟影响其他人休息,对她们身体有害,要换地方!于是把桌子搬到阳台。等到了阳台发现窗户关不紧,往里透风,吹得后背凉,于是动手把窗帘给拉上了。结果发现窗户好脏。老王心想:不行,要擦擦窗户。拿抹布擦了一会儿,发现抹布也好脏,于是又到卫生间洗抹布。结果到卫生间时,发现卫生间里还有一堆脏衣服。结果是凌晨三点半一边洗衣服一边擦玻璃,忙完了天也快亮了。

老婆早上起床一看,玻璃特干净,衣服洗干净了,连抹布都洗干净了,老婆说:"哎呀,真好!给单位写材料还捎带干家务,以后有机会一定要多写啊!"结果老王自己忙到天亮一个字也没写,人已经累得不行了。

上边的例子是种很常见的现象。写材料的时候,我们往往会发现自己心不在焉,坐不下来;刚坐下,想起别的事就又站起来了。其实,当一个人面对一项艰巨任务的时候,内心会有抵触甚至拒绝,忍不住想逃避。真正让人无法安静下来的因素是潜在的逃避思维。

习惯性拖延的核心在于人有逃避心理,每当面临艰巨任务的时候,那个偷懒的自己就会跳出来对你说:这儿有活要干,那儿有活要干!本来平时眼睛里没那么多活，但是一旦有任务的时候，逃避思维会让人发现很多要干的、琐碎而容易的工作，以此来替代自己不愿意做的艰巨任务。有三种方法可以避免这种情况的发生：

（1）**定时定点**。做大事要固定时间、固定地点。比如领导跟你说写一篇一万两千字的工作报告，你就告诉自己，这个工作报告我要从晚上八点写到凌晨一点，而且地点是办公室或者是家里的书房。把时间和地点先固定住，才能提高效率，防止逃避。

> 避免习惯性拖延的三种方法：定时定点、挺过十五分钟、大画面思考。

（2）**挺过十五分钟**。人做事情的时候，一般前十五分钟会有一个融入期，在融入期偷懒的自我会上蹿下跳，努力逃避。但只要咬牙忍住，过了这十五分钟，就会越干越有兴趣，越做越投入。

因此，完成艰巨而枯燥的任务的时候，最有挑战性的就是前十五分钟。这十五分钟里，要确保宁可一个字不写，屁股也不能离座，千万别让自己在这十五分钟内离开座位，必须忍着，一旦坐够了十五分钟，度过了融入期，自然而然就可以投入了。因为偷懒的自我是没耐心的，十五分钟之后就自动消失了，那时勤奋的自我就可以跳出来干活了。

（3）**大画面思考**。如果领导布置的写作任务的确很有难度，怎么写也写不出来，怎么办？这里介绍一个非常简单又特别有效的写作方式。每个写书的人都有自己独特的习惯。我写书其实是画出来的。写书的时候，我会找一张比较大的桌子，把一张大纸（经常是一张大挂历的背面）铺在桌子上。比如要写的题目是"如何提高执行力"，我就拿一支笔，脑中开始想关于执行力的内容，想到什么就在纸上写什么，不管想到的东西合不合逻辑、有没有关系、前因后果是什么，只要脑子里想到的就写出来。写的过程中，尽量多画图，因为一张图顶很多文字。

第八章 借来慧眼看莲花

把整张纸都画满之后，就可以去休息。比如出去散散步，或者听听音乐，吃点东西，换换脑子。半个小时之后再回来，拿一支红笔，在这张纸上找它们之间的逻辑关系。哪个在前，哪个在后，哪个是另一回事。通过找逻辑关系，就可以从大纸上整理出一个提纲。把提纲写清楚之后，再规规矩矩地按提纲写具体的内容。这样效率就会特别高。

> 创意思维管的是产生，逻辑判断思维管的是整理和剪枝。

人在从事创造性工作的时候会有两个机制起作用：一个是创造思维，或者叫创意思维；另一个是逻辑判断思维。这两种思维的作用不一样：创意思维管的是产生，逻辑判断思维管的是整理和剪枝。

比如领导对你说，总结一下你们部门的主要成绩吧。好，你的创意思维开始启动——今年最大的成就是完成了上级下达的指标。立刻，逻辑思维就说：不对！这个成就只是一个小成就，我们应该有更大的成就——我们带队伍，创文化，为未来发展谋战略，这个成就要比那个成就大。就这样，你的创意刚出来，马上就被逻辑判断思维给枪毙了。如果你认为主要工作第一条是全体干部职工共同努力，你刚要写这个，逻辑思维就会跳出来说：可不能这么写啊，工作中第一条永远应该是领导重视，不写这一条怎么叫工作啊，你还有没有政治头脑啊？你刚想写"第一，领导重视"，创意思维就会出来说：写这种东西真丢人！你让下属怎么看啊？官话套话，一点创意都没有……两种思维就会这样喋喋不休地争论。

我们要做的事情是什么？是在开始做事情的时候，就让这两种思维分开。开始我们只用创意思维，根本不去管在这张大纸上所写的东西是对的还是错的，是有关的还是没关的。想到什么就写什么，这个策略就叫"挤牙膏"。把头脑中关于这件事情能想到的所有信息符号都挤在这纸上。挤完了之后，再让创意思维休息，换逻辑思维上场，让逻辑思维在这纸上进行剪枝、排顺序、找前因后果。这种"大画面思考法"，可以帮助一个人在短短的一个小时之内整合出一份很漂亮的文稿。

5. 没有靶心

什么叫没有靶心呢？一个圆只有一个圆心，一个靶子只有一个靶心。有谁打靶子瞄三个点的？不可能，必须瞄准一个点，我们做事情也是一样。有人说，我看重这个目的，有人说，我看重那个目的。其实两个人都可以达到目标，怕就怕将每个目的都锁定为核心。

比如我们搞管理学课程设计，目标有很多，但是我的靶心上最重要的一条，是通过生动叙述的例子和系统的原理分析提高学生的兴趣，引导他们去思考。管理学教学有很多目的，比如要体现传统文化，要延续中华文明几千年的优秀的思想，要体现现代管理理论和实践的新发展，体现最新的理论成果，要指导实践，要给大家的实际工作带来参考。

但是大家记住，靶心是靶心，目的是目的。目的可以有很多，但瞄靶心只能瞄一个。虽然说靶心不概括所有目的，但只要将靶心打中了，所有目的就都能达到。目的可能是上级提出的要求，但靶心是自己做工作的风格。每个人做事情的风格都不一样，就是因为大家定位的靶心不一样。不过没关系，只要把靶心打中了，所有的目的都能达到。

> 目的可能是上级提出的要求，但靶心是自己做工作的风格。

6. 人人竭力

▪▪▪▪▪ 谈 古 论 今

有一天,齐桓公向手下的大臣管仲炫耀:"你看我这马车怎么样?"管仲说:"马车不错。"齐桓公说:"我告诉你,不仅马车不错,我这驾车的车夫也是齐国最好的车夫。"管仲问那个车夫:"我来问你,你既然说是最好的车夫,你驾车的经验是什么?"这车夫说:"我驾车的经验就是让每一匹马都竭尽全力来拉这车,谁都不偷懒,把全部的力量都用在拉车这件事上。"

管仲点点头,回头冲齐桓公说:"主公啊,我告诉你,这个人的车不能坐,千万别坐!而且我判断这个马车不出十天一定会车毁人亡的。"齐桓公说:"你这是瞎说,这么棒的车夫,这么好的车,怎么会出事呢!"

结果,没几天真的出事了,马车当道翻车,整个车散了架,齐桓公说:"哎呀,仲父,你真厉害,你会算卦啊?你怎么知道这车一定会出事?"

管仲说:"主公,我跟你说,驾车靠谁来拉车?靠马!马这种动物重感情,它要考虑小马驹,它心里装着自己的孩子;还有马要恢复体力,所以你要给它时间休息,要给它添草添料,让它放松,让它溜达,所以为什么叫遛马,那是帮马休息,恢复体力。你看这个驾车的人强逼马把所有的精力、所有的力量都投入在驾车上。马没有时间吃草,没有时间吃料,没有时间恢复精力体力,没有时间照顾自己的小马驹。它身体衰竭,感情衰竭,情绪不稳,那不出事等什么?一定会出事!"

经常看到有些领导说，我干工作，一定要每个人都竭尽全力，把一切都献给工作。其实，一个人首先得有生活，他得照顾自己的家庭，考虑自己的父母、老婆孩子；其次他要照顾自己的身体，要拿出精力时间来修整、修养，来锻炼身体；第三，他还有自己的精神，还要有适度的娱乐，帮他恢复精神。一个人只有家庭照顾好了，身体棒棒的，然后精神比较饱满，才能把工作干好。

如果你让他一天二十四小时，连做梦想的都是工作的话，家里没人照顾，后院起火了；身体得不到锻炼，身体垮了；精神得不到恢复，得不到满足，精神失常了，这个人一定会把工作搞砸的。即使没有把工作搞砸，他的身体也会垮掉的。他身体一旦垮了，不但工作受损失，领导的个人声誉受损失，而且员工死在工作岗位上，得付出多大的赔偿成本啊！

我们一般的提法是，要把主要的精力和时间投入到工作中，同时还要拿一部分出来尽社会责任，以及修养自己的身体和精神。这样社会责任尽到了，身体和精神修养好了，工作才会蒸蒸日上。一个人不尽社会责任，不考虑身体和精神，玩命投入工作，这不是长久之计，我们反而会劝他，要考虑家庭，考虑社会角色，要注意身体，要恢复精神，别那么玩命，日子长着呢。

要是很多人认为，执行力提升就来自人人玩命工作，就像齐桓公的车夫一样，最后这车必毁无疑，工作就会出大事。所以，我们的工作不是要人人竭力，而是人人用力，这力量只要用得差不多就行了，我们反而不强调一定要废寝忘食，把一切都献给工作。当然，有关键任务的时候，可以让大家废寝忘食玩命干，但是玩命干一段时间，一定要休息，同时，他干工作的时候，你要帮他去照顾家庭，帮他去考虑个人后院的事，

> 工作不是人人竭力，而是人人用力。

这些事一定要平衡。这是很多团队管理者容易出现的一个误区。

总之，在执行过程中，大家要对上述六个因素有一个清醒的认识，努力去避免。

英雄从哪里来

河北梆子里有一出戏，叫《穆桂英大破天门阵》。看戏的时候我就在想，当年穆桂英只是一个二十岁的女孩子，封建社会男尊女卑，而且穆桂英当时的身份是女土匪、黑社会，是反朝廷的！大宋朝怎么会把几十万的军队、把国家的命运交给这样一个女娃？

后来，看了另一出戏《辕门斩子》，我一下子就明白了。这出戏讲的是元帅杨六郎派其子杨宗保出营巡山，杨宗保在穆柯寨与穆桂英交战，被活捉到穆柯寨。杨宗保与穆桂英两人一见钟情，遂结为夫妻。杨宗保返营后，杨六郎得知儿子临阵成亲，大怒，要将杨宗保在辕门斩首示众。佘太君、八贤王两次求情未果，穆桂英得知消息后下山求情，杨六郎把人情给了穆桂英，交换条件就是穆桂英挂帅出征，攻打天门阵。

为什么破天门阵需要穆桂英？《辕门斩子》这出戏道出了原因。

首先，穆桂英的关联资源独特。穆桂英的家——穆柯寨有一个宝贝叫"降龙木"，天门阵里有毒气，唯独"降龙木"能破这个毒气，所以穆桂英拥有关键资源。

其次，穆桂英三岁上山，五岁开始学阵法，认认真真学了十五年，天下没有第二人比她更懂阵法。天门阵相当复杂，只有专家级的人才有可能破解此阵，而穆桂英的胜任要素最合适，准备程度最充分。

关联资源和胜任要素决定了穆桂英是最合适的人选。但是有一点，穆桂英反朝廷。杨六郎最头疼的是怎么才能让她支持大宋！这就需要研究她的需求特征。需求特征是一把钥匙、一个按钮，掌握了一个人的需求特征，就可以让此人为你所用。

想一下，穆桂英三岁进深山，整天跟豺狼虎豹为伴，满眼的荒山野岭，一呆就是十几年，等到有一天学成本领、刀马纯熟，人也出落得如花似玉，一旦进入花花世界，你说她最迫切的需要是什么？她迫切需要一个男朋友！杨六郎准确地抓住了她的这个需求，回头看一眼自己银娃娃一样的帅哥儿子杨宗保，这主意就来了。于是，立刻颁给杨宗保一个将令，命他去北地巡山。杨宗保领了命，一路敲锣打鼓，围着穆柯寨转了三天三夜。这哪里是什么武将巡山，根本就是帅哥游行！这叫作"送货上门"。

> 关联资源和胜任要素决定了穆桂英是最合适的人选。

穆桂英下山和杨宗保对阵，三下五除二就把杨宗保活捉了。大家想，杨六郎就不担心吗？万一穆桂英把杨宗保杀了怎么办？不会的，没有谈过恋爱的女孩永远不会舍得杀帅哥，所以杨六郎不担心。那穆桂英万一捉不住杨宗保怎么办？也没关系。杨六郎对自己儿子的能力有充分的了解，肯定不是人家的对手！结果一切正如杨六郎所料，杨宗保被活捉了，和穆桂英成了亲。所有的这些，杨六郎都是提前想好了的。

等到杨宗保回来，杨六郎一看，儿子红光满面，眼睛发直，走路晃晃悠悠，就知道这事儿成啦！杨六郎问："说！怎么回事？"杨宗保说："跟人成亲了。"杨六郎假装生气说："临阵招亲，斩！"奇怪的是，就那么捆着，嘴上说杀，但根本不动刀。一日三餐，每餐四菜一汤，吃完了再捆上，晚上解开绑绳躺着睡，早上起来接着捆。为什么不杀？就是为了等穆桂英呢！

穆桂英接到消息就来了，来了就跪下了，说："求您别杀我老公！"其实这穆桂英也糊涂，她不想想，上面坐着的是杨宗保的亲爹，要说舍不得杀，也是他爹更舍不得。穆桂英的举动正应了一句话——情令智昏！人一动感情，就晕了，糊涂了！杨六郎说："放人可以，谈个条件。第一，把你们家的降龙木拿出来，白送，不能要银子；第二，你挂帅去攻打天门阵，要立军令状！"穆桂英说："好。"这样才有了后来"大破天门阵"的佳话，破天门阵，杨宗保功劳不小，没有他，能吸引来人才吗？

种下梧桐树，引来凤凰鸟；生出小帅哥，引来穆桂英，都是一样的模式。戏曲里有非常著名的"杨门十二寡妇征西"：西夏与宋朝开战，没有良将，杨家的男丁都死了，不过没关系，十二个寡妇个个勇猛善战，照样打败了西夏。这些寡妇都是哪里来的？都是杨家帅哥吸引来的。你说佘太君为什么功劳那么大？因为人家给大宋生出了那么多具备吸引力的帅哥嘛。

没本事没关系，只要有吸引力，照样能为国家做贡献！这就叫"利用激励特征，锁定关键人才"。所以吸引人才要看他喜欢什么，根据他的需要，阶段性地给予满足。另外，再给他一个远大前途，让他看到未来。

从上边的例子我们可以看到，任用员工必须抓住三个基本点：胜任要素、关联资源和激励特征。综合上面的内容，我们得到如下图所示的模型。

胜任要素：
反应模式、准备程度、
技能与态度的习惯化

关联资源：
人、材、物、
信息、时间、
制度

员工
"八观""八验"
心智模式

激励特征：
需求动机

看人第一要看这个人的关联资源。看了关联资源之后，我们才能考虑用这个人。

谈古论今

《水浒传》里梁山英雄是怎么排位的？宋江有想法呀。第二名"玉麒麟"卢俊义，河北首富，大宋朝财富500强排行榜的NO.1，企业界有朋友。同时，卢俊义是前任领导钦点的接班人。因此，用了卢俊义，不仅企业界有朋友了，而且前任领导队伍也拉拢了。第三名是"智多星"吴用，没说的，吴用是聪明人，要用。第四名为什么是公孙胜？因为公孙胜呼风唤雨，沾一个"神"字！领导班子里有这么一位神人大师对众人说："这是天命！我们大哥天生是领导！"这样，大家一下子就信服了。接着是"大刀"关胜。说到关胜，大家想想，创业班子里没他，他也没做过什么大的贡献，还跟梁山做过敌人，为什么关胜就能排到梁山的核心团队里去？他靠的是自己独特的声誉资源，人家姓"关"，是关老爷的后人。关公是"忠义、忠勇"的象征，把关胜放到核心团队里，梁山好汉就都是忠勇之士了。如果说把时迁这样的人排进前十名，那梁山真就成了偷鸡摸狗的贼窝了。

第二看胜任要素。要看这个人是否具备必需的行为反应模式。五虎大将没本事怎么上战场？梁山好汉没义气怎么闯天下？本事和义气都要具备了，才有资格进入梁山的团队。

第三看激励特征。搞管理不怕下属朝你要什么，就怕自己不知道下属要什么。有时候我们会不理解下属的某个行为，这是因为不了解他的激励特征，如果知道了，马上就会明白。比如大家坐出租车，有一个非常特殊的现象叫"司机问路"。一上车，本来要去的是一个特别熟悉的地方，司机会一脸茫然地问你："请问您知道怎么走吗？"

你肯定感到奇怪，出租车司机上岗前都要考试呀，不认路怎么上岗？其实他问路是在打探你，如果你不知道路线，就可以多绕点钱出来了。"司机问路"就是典型的运用信息不对称增加自己附加收入的手段。看出了他的利益点，你就能准确把握他的行为。

> 利益决定立场，立场决定观点，观点决定行为。

所以在现代的人事管理中，我们看人首先看他的利益点在哪儿。利益决定立场，立场决定观点，观点决定行为。人的行为本质是由利益决定的。所谓"没有永远的正义，只有永远的利益"，任何谈判都是利益的均衡，而不是正义的胜利。

当领导就是分蛋糕。好不容易做大的蛋糕，一部分上交，剩下的一部分大家分。狼多肉少，怎么分？不能平均分，前面讲过，平均分是无效分配。就得有的人多，有的人少。你要保证，分的时候大家不嚷嚷，吃的时候不互相抢，吃完以后不骂娘，下次分还让你来分，这样你才能当一个好领导。

要考察干部，在这个模型的基础上，还有附加的东西——饮食起居藏大道，言谈举止显精神。看人不仅要看大方面，要看细节，为什么？因为大事上可以伪装，往往看不出来，但日常琐事不易伪装，可以看清楚一个人。

每次在选择合作伙伴、签合同之前，一定要先跟对方吃顿饭——我的经验是请吃自助餐，等吃完了，就能看出对方是什么样的人。

有一次，一个号称投资商的人要拉我们几个博士开公司，据说前景广阔，待遇优厚，我的几个哥们就动心了。我说咱们先请他吃顿饭吧。吃什么？吃自助餐"好伦哥"，三十九元钱一位。这位投资商来的时候，"呼哧呼哧"大喘气，着急，跑来的。走的时候又是"呼哧呼哧"走的。为什么？

撑的！这人走了以后，我说："哥们，赶紧撤！这人根本就不是投资商！"

道理何在？第一，有几个亿身家的富商，一定是非常爱惜身体的，不会为了三十九元钱的小便宜，把自己撑成那样！第二，投资商懂得节制、节约，而这人吃了不少，浪费得更多！第三，投资商知道自己的能力底限，而眼前这位吃了那么多，还四处张望，边吃边嘟囔："我还要尝尝那个！"这哪里是投资商，简直是投机商，专门来忽悠人的。后来的事实果然不出我所料。

所以看人要看细、看小，这就是慧眼所在。

关于看人，最后想讲一个孔子的例子。

谈 古 论 今

孔子四处云游，讲学没有讲课费，走到陈地的时候，没粮食了。后来有好心的老百姓送来一袋米，于是问题出来了，选谁来蒸米饭呢？要选一个道德高尚的，保证不偷吃、不私分。

孔子选了大弟子颜回。饭蒸好了，香味弥漫。孔子正闻着呢，进来一人，就是智谋最高、最有口才的弟子——子贡。子贡说："报告老师，颜回在偷吃米饭呢！"孔子斥责道："瞎说，你师兄不是那样的人，不要以小人之心，度君子之腹！"子贡说："您不信，可以去看呀！"孔子蹑手蹑脚地走到厨房，扒着破窗户一看，颜回正大口大口地抓饭吃呢！孔子回过头来，仰天长叹："再高尚的人也抵不住欲望的诱惑，这就是人性的弱点啊！"

但是孔子给弟子留了个面子，没有当面揭穿他，转身回去了。回去以后就拍着桌子说："颜回呀，咱开饭吧！"饭刚端上来，孔子说："昨天晚上我做了一个梦，梦到了祖先，今天的饭咱先不吃，祭完祖先再吃吧。"古人敬祖，如果用脏饭祭祖，等于往祖先的脸上抹脏东西，这样世世代代都会受诅咒的。所以听完这话，颜回扑通跪下了，说："老师，这饭不能祭祖了！"孔子就问："为什么不能祭祖了呀？"颜回说："对不起，老师，都是我的错，这饭我已经拿手抓着吃过了，弄脏了，所以不能祭祖了！"孔子点点头，扫视了一下四周的弟子，就想说："你们看，还是要向大师兄学习呀！谁都有可能偷饭，但偷完饭有勇气承认，这就不简单！"

孔子正要就着这事教育弟子，没想到颜回紧跟着说了几句话，让孔子以及在场的所有人都十分震惊。颜回说："都是我不好，我没经验。做饭之前没注意，厨房年久失修，房梁上布满了灰尘。饭熟了，我一揭锅，热气一下扑上去，灰尘就全掉锅里了。把饭扔了吧，米来之不易；不扔吧，老师您和其他同学们就没法吃，所以我就把那些弄脏的米饭都吃了。这样米没浪费，老师您和同学们也都能吃到干净的米饭了。"

孔子听完再一次仰天长叹，说："天下最难的事莫过于看人。有时候亲眼所见、亲耳所闻，也未必是真的。"

确实是这样，有时候在看人方面轻率下结论，很容易犯错误。看人的最后一关是什么？就是在痛下决心拍板之前，一定要就这个问题本身，跟当事人再坦诚地沟通一下。这样才能防止偏听、偏信，防止犯下悔恨终生的错误！

长 话 短 说

本章主要讲的是如何看人。

首先是"八观"：通则观其所礼，贵则观其所进，富则观其所养，听则观其所行，居则观其所好，习则观其所言，穷则观其所不受，贱则观其所不为。其次是"八验"：远使之以观其忠，近使之以观其敬，烦使之以观其能，猝问之以观其智，急与期以观其信，醉以酒以观其性，杂以处以观其色，示以利以观其廉。将"八观"和"八验"合在一起，一共是十六条。我们建议，一般的人事选拔，要占到十条；重大的人事选拔，要能占到十四条，或者退而求其次，占到十二条。如果某人能占到十四条以上，说明这人能成大事。

一个人能把工作干好，是三个关键变量相互作用的结果，即"能力"加"态度"再乘以"环境支持"。能力和态度的组合，不是简单的组合，而是在长期的行为过程中，形成的一种带有自动反应和习惯倾向的组合。能力倾向和态度倾向在外部因素和内在动机的推动下，形成稳定的、带有习惯反应的行为模式，就是胜任要素了。

聪明人不一定成功。聪明的员工和胜任的员工，主要区别就在于二者的行为模式不一样，而这种行为模式不仅仅与知识、能力有关，更与意志、品质、个性心理和个性倾向等要素直接相关。在追求事业的道路上，只有具备了远大的理想，加务实的底线，再加上反应模式的稳定性，才能够真正克服困难、经受住考验并取得成功！

任用员工必须抓住三个基本点：胜任要素、关联资源和激励特征。

老赵语录

编者按：赵玉平老师在北京邮电大学任教，本书的很多内容直接取自其课堂讲述。他在上课过程中经常有精彩的观点迸发出来，这些观点被通过各种渠道整理出来，在学生中广为传播，并被戏称为"老赵语录"。

1. 没有英雄干不成事，英雄太多容易出事！

2. 企业可以有闲事，但是不能有闲人。生命在于运动，管理在于折腾。

3. 人生是需要战斗的，但不是每一场仗都要打。每一场仗都打，那不是战斗是找死。

4. 当领导，要亲贤臣，治小人。用君子是人品，用小人是智慧。

5. 大处看天下，小处看人。

6. 企业不是要用最好的人，而是要用最合适的人。

7. 没有科学内助的权力是盲目的权力，没有权力支持的科学是孤独的科学。

8. 管理者要超越个人的力量极限去完成单个人无法完成的使命，这需要勇气与雄心；同时，管理又是要通过他人去完成任务的，这需要谦逊与包容。

9. 每一种文化都蕴涵着对管理的理解。中国人喜欢梅花，梅花有四贵：贵浓不贵淡，这是热情之美；贵老不贵嫩，这是成熟之美；贵斜不贵正，这是自由之美；贵疏不贵密，这是简约之美。想没想过做梅一样的管理者？

10. 做大事情要分阶段进行，很多时候本来是想一鼓作气，结果往往是一鼓岔气。

11. 事不逼不成，马不打不快，千里马也需要有马鞭，保持适度的压力是有利于成功的。

12. 每天五分钟自虐叫锻炼，每天五小时锻炼叫自虐。

13. 常识要和大家一致，否则就难以被群体接纳；技能则要尽量和别人不同，否则就难以脱颖而出。

14. 十样会不如三样好，三样好不如一样绝。

15. 有名气的人做事，那真是一呼百应；没名气的人做事，那只能是百呼一应。就一个应声，还是一声"呸"！

16. 生活上知足常乐，事业上精益求精。做不到前者，引发贪得无厌；做不到后者，导致一事无成。

17. 思想就像刀，越磨越锋利；思想就像石头，只有碰撞才能产生火花。

18. 管理的本质是通过别人完成任务。

19. 在平常的群体中关注出众的人，在出众的群体中关注平常的人。

20. 私下提意见叫"补台"，当众提意见叫"拆台"。

21. 种下梧桐树，引来凤凰鸟；生出小帅哥，引来穆桂英。佘太君为什么功劳那么大？因为人家给大宋生出了那么多具备吸引力的帅哥嘛。这就叫"利用激励特征，锁定关键人才"。

22. 长本事的时候要把住核心，练武要练十八般兵器，但从古到今的大英雄，纵横天下也不过就是一两件兵器而已。关老爷就是用刀，赵子龙就是用枪，李元霸就是用锤。谁见过关老爷上阵，三分钟换一件兵器，还在那显摆："老子什么都会！"那不是关老爷，是关疯子！

23.《西游记》团队里，孙悟空最有本事，但是做大事不能都用本事最大的人。想象一下，如果团队里都用本事最大的，探路的孙悟空是只猴，扛耙子陪领导聊天的是只猴，挑担子搞后勤的是只猴，唐三藏骑只猴，这不是取经，成了耍猴了。

24. 相貌相貌，相在貌前，相比貌更要紧。"相"是一个人的内心世界和心理状态，"貌"是一个人四肢五官的数量以及位置。

25. 领导者不需要事必躬亲，而应该只关注异常、不关注正常，只关注例外、不关注例行。正常的事情、例行的事情，有制度管，有下属管，不用领导自己管。

26. 有一件事情你能做得好，那叫合格；有十件事情你能做得好，那叫优秀；有五十件事情你能都做好，那叫卓越；有一百件事情，你还想努力把它们都做好，那就叫找死！

27. 如果上级安排你做一件事情，每天做两遍，坚持二十年天天重复，你一定会很烦。但是有一件事情，你坚持了一辈子，每天至少做三次，但是每天都不烦，不但不烦而且做的时候还特别卖力气——这件事就是吃饭。

28. 不要把两匹千里马拴在一个槽上吃草。不要安排两个能人一起去做一件事。

29. 给老同志分饼，给年轻人画饼，和中坚力量一起吃饼。这样就可以在有限的物质条件下提高整个团队的满意度。

30. 打麻将这一游戏：有的人打麻将是为了赢钱，这是典型的物质需求，是一楼层面的；有的人打麻将只要不输钱就可以，这是安全需求，上升到了二楼；有的人打麻将是为了哥几个聚在一起热闹热闹，这是社会需求，已经上升到三楼了；有的人打麻将是为了向别人证明自己聪明、牌技好，这是尊严的需求，是第四楼了；还有的人打麻将不为别的，就为了和牌时候的快感，完成挑战任务后的内心满足，这就是自我实现了，是五楼的需求。一个游戏可以满足人的五大需求，所以这个游戏一定是有着强大生命力的。我们的管理制度和市场营销方式如果都能设计成这种模式，可以全方位满足各个层面的差异化需求，那一定可以大行其道、所向无敌。

31. 不是细节决定了成败，而是对细节的选择决定了成败。首先要把握全局，然后才是关注细节。要知道，拿着显微镜是看不见大象的。

32. 鹤立鸡群，鹤比鸡难受，它要承受很多来自群体的压力，出众是要付出代价的，所以优秀者往往需要保护。

33. 老百姓说：兵熊熊一个，将熊熊一窝！拿破仑说：一头雄狮带领的一群绵羊可以打败一只绵羊带领的一群雄狮。

34. 咱自己是个小蚂蚁，谁都能把咱踩死，但是短时间内小蚂蚁又长不大，怎么办？最好的办法是站在大象的背上，看谁敢踩！这就是管理的借力原则。

35. 不相信目标能实现的人活不下来，相信很快能实现目标的人也活不下来。

36. 喜欢一个人，怎么看怎么顺眼……春天看着像花，秋天看着像果，夏天看着像冰，冬天看着像火，哎呀这个喜欢啊……

37．成就感让平凡的事情光荣，让平凡的日子闪耀，给平凡的人插上翅膀。

38．每天早晨醒来稍事锻炼可以叫醒身体，读上几页书可以叫醒心灵，不妨睡前在枕边放一本喜欢的书，它可以给你第二天的生活增加力量。

39．权力来自稀缺性，拥有的资源越稀缺，权力越大。

40．口头表扬有时很小儿科，但是很重要、很管用，无论走到哪里，都不要忘记带上你的赞许。

41．检查工作似乎就为了找缺点，但只谈缺点会用很小的不足掩盖很大的长处，这样会抑制下属工作的热情和创造力，聪明的领导检查工作也检查优点，而且有时候，就是为了优点而来检查的。

42．历史不会重复它的事实，但是历史会重复它的规律。

43．大德始于自制，大智莫若知人。

44．让人感到疲惫的不是遥远的路程，而是鞋里小小的沙粒。人生路上，倒掉鞋里的沙粒，才能走得更稳，走得更远。所以，做再大的事业也要从自我管理开始。

45．在正常情况下有超常发挥叫优秀，在超常情况下有正常发挥那才叫卓越。

46．一个出色的建筑师，在垒眼前每一块普普通通的砖头时，心里装的一定是巍峨宏伟的宫殿。所以，一个人在成功之前，其实已经在心里成功过好多次了。

47．人生像爬一座连绵的山脉，我们的视线往往会被眼前的山头挡住，根本看不到未来。这个时候没有远大的目标不可怕。只要扎扎实实把脚下的路走好，爬上眼前的山头，就一定可以看到壮丽的未来。所以，远大的理想其实就包含在我们每天扎扎实实的前进当中。

48. 人的行为是可以引导的，装傻时间长了就成了真傻，装快乐时间长了就成了真快乐。所以，即使你不成功，至少也要像成功者那样去思考和行动。

49. 做任何事情都要抓住核心。画龙点睛，妙就妙在两只眼睛。不过要注意，只能点两个眼睛，点一身眼睛，那不是龙，是筛子。

50. 机会太多就是没有机会，主张太多就是没有主张，朋友太多就是没有朋友，钱太多跟没有钱一样。

51. 管理就是要任用比自己强的人给自己工作。武大郎开店，武大郎一米五，二级经理一米四，三级经理一米三，门童一米，领导确实是全公司最高的，但这个领导是烂领导，这样的管理是衰退管理。

52. 姜子牙八十一岁当上国务总理、三军总司令，人家前八十年就做两件事：好好学习，锻炼身体。

53. 最好的状态是正常，最有效的手段是平衡，最高的境界是自然。

54. 基业长青离不开后继有人。谁失去了年轻人，谁就失去了未来。

55. 常规程序选小才，突发事件选大才。小河淌水看鱼虾，惊涛骇浪现蛟龙。

56. 管理不是要把人人都改造成天使，而是要引导人人都做出天使的行为。好的管理能引导魔鬼做天使做的事；坏的管理会逼着天使做魔鬼做的事。

57. 要完成任务，必须要有考核有纪律，这是推的力量；要提高修养，必须要有示范有引导，这是拉的力量。推拉结合才能成功！

58. 看才能要有独特的角度，独特的眼光，这个叫作"独具慧眼"；看性格则必须要用一般的角度，用大众的眼光，这个叫作"独具俗眼"。

59. 做凡人，做小事，可以多计较；做高人，做大事，就得多超脱。

60. 什么是责任？就是没有任何借口，无论何时何地，一定要一丝不苟把该做的事情做好。什么是忠诚？就是即使受了委屈，受了不公的待遇，也要不折不扣地履行承诺。

61. 干事业就是这样，要一边给实惠，一边给理想。实惠解决一时，理想才能解决一直！

62. 信任是一个水杯，才华是一杯热水。有多大杯子装多少水，有多少信任施展多少才华。

63. 授权有一个基本原则：作为下属，可以替代领导行使决断权，但是不能剥夺领导的知情权。尤其是在关系国计民生、安危存亡的重大事情上，剥夺领导的知情权，这离阴谋就不远了。

64. 不叫不到，一叫就到，随叫随到。一个掌握工作节奏的能人才能让领导有充分的信任。

65. 一个能人在干工作的时候，态度可以很积极，但是情绪一定不能着急。领导一有困难你就着急，说明你怀疑领导的能力；领导一和美女沟通你就着急，说明你怀疑领导的人品。这都是不对的。

66. 关起门民主，打开门集中；决策阶段民主，执行阶段集中。

67. 感情是示弱的学问，不是示强的学问。人类社会有个有趣的现象，就是弱势的人会让别人觉得更不容易变心，更值得相信。所以通过展示自己的弱点和对别人的依赖，能取得足够的支持和信赖。

68. 团队当中做事情如同参加一个交响乐团演奏，必须要一看指挥，二看乐谱。指挥就是领导，乐谱就是工作计划。如果不听领导指挥，不看工作计划，弹得越好，对整个合奏的伤害可能就越大。

69. 工作上摇扇子，生活上搭台子。应该主动关心一把手，帮他解决个人生活上的困难。当工作和生活冲突的时候，要尽量照顾领导，帮他出主意想办法。这样，领导的信任自然就会大大增加！会关心上级生活，这是下属的智慧。

70．一群小鸡站在对面，上来先处理一个金刚、泰山、大马猴，抓起来咔嚓一刀就给杀了。那些小鸡怎么样？会腿一软脸一红，一人给你下一个蛋，当场就争取做贡献。

71．要展示就离不开包装。你看，找工作，简历需要包装；搞企业，产品需要包装；谈恋爱，帅哥美女需要包装；竞选拉票，连美国总统都离不开包装。正所谓"人配衣帽马配鞍，包装到位就领先！"

72．痰盂再好不能盛米饭，瓦壶再破可以沏龙井。一件东西一个用场，一个人一个舞台！

73．一只猪不爱吃，两只猪争着吃，三只猪抢着吃，一群猪往死里吃。只有在竞争中，才能增加他们的食欲，促进他们的成长啊！

74．在大树下边，至少能长成小树；在小草下边，只能长成苔藓。

75．刘备先是受了口碑的轰炸、眼球的吸引，接着在又急又疑的情况下，一顾茅庐没见到人，二顾茅庐又没见到人，他的胃口已经被高高地吊了起来。三顾茅庐的时候，诸葛亮终于露面了。各位想想，看着诸葛亮，刘备心里是什么感觉？一个词——兴奋！面对诸葛亮，刘备眼前全是光圈儿，一圈一圈都套在诸葛亮身上，那感觉就一条——诸葛亮太亮了！

76．人家诸葛亮的求职策略是高调出场，低调见面，让别人说自己好，说自己谦虚。这样做既有面子又有情分，多好啊！庞统先生正好相反，他属于低调出场，高调见面，死乞白赖要和人家见面，一见面又傲慢无礼，专说刺耳的话。

77．有的人是态度问题，那叫"黄鼠狼给鸡当保姆"，说是好事，没安好心；有的人是能力问题，那叫"豆芽充拐棍——扶也扶不起，靠也靠不住"。

78. 一个茶杯，要想从茶壶里得到水，杯子的位置就一定要比茶壶低。即使是七宝夜光杯，要想从破瓦壶里得到水，杯子的位置也要比壶低！

79. 高明的领导首先要管好的就是身边的人，什么司机、秘书、助手、干儿子、小舅子什么的，一定要立规矩，加强管理。

80. 当下属难啊，领导让你干工作，你不干，他不甘心；你干坏了，他不开心；你干好了，他又不放心。

81. 比如你是二把手，在大会上指着鼻子给领导提意见，提对了，你叫"迫不及待"；提错了，你叫"别有用心"！两种情况都没有好结果。

82. 宋江树起了一杆大旗，告诉兄弟们：我们不是劫道，我们这是替天行道，老天爷派我们来的。我们抢来钱给自己花，那是为天下养英雄；给别人花，那是做公益事业。我们根本不是劫道，我们的行为叫作"有组织武装募捐"。

83. 紧张之后的轻松才是真正的轻松，就像经过了严冬才能体会到春天的美。

84. 未治国，先治家。先稳定后院，才能搞红火前院。

85. 所有引发灾难后果的行为，都是在发脾气生气的头三十多秒爆发的，比如砸电视、烧房子、打老婆、跳楼，都是这么爆发的。这叫作"魔鬼三十秒"。

86. 我们生活在一个躁动的年代，大家看看我们这些现代人，走高速，求快速，喜欢速成、速配，饿了吃速食面，病了服速效药，一切都喜欢加快再加快。这种一味的快速最后会带来巨大的问题。

87. 打得赢就打，打不赢就撤。始终把握战争的主动权，不但走得了，而且走得好。敌人敢来追，还能吃掉他！

88．老马追不上小马，老鹰斗不过小鹰，这都是必然，因为世界是属于年轻人的！

89．领导是一个标杆，大家都会对着标杆调整自己的行为，这叫"上有所好，下必趋之"。领导简朴，下边人就简朴；领导幽默，下边人就会说相声；领导喜欢打高尔夫，连楼道里搞卫生的老大爷用墩布拖地也这个动作。

90．什么是梯队？说白了，就是吃着嘴里的，看着碗里的，想着锅里的，还要种着地里的！

后 记

我是这样一个写书的人

这本书是我所写过的几本书里写得最艰难的一本,2004年写管理学概论方面的书——《比强者更强》,三十多万字耗时一个半月。2005年写团队和人力资源方面的书——《梁山政治》,十八万字耗时三个月。2006年撰写博士论文,是关于领导者人际关系行为特征的研究,十四万字耗时五个月。而这本书的第一版则从2007年的春节写到2008年的春节,整整写了一年,前后反复修改了六次。

因为写书,成了夜猫子。2007年的教学任务非常重,特别是下半年,本科生、研究生、在职MBA,还有外部的培训班,以及咨询公司安排的课程,第三、第四季度差不多每个月讲课的时间都在二十天以上。原来计划每天半夜起床写三个小时,可是只要睡下去了就很难再起来,于是改成了先写再睡。还好,自己的睡眠质量很好,而且可以随时补觉随时醒,如同吃零食。某次在连续熬了两宿以后，出现在学校主楼前，迎面遇到一位教过我的老师，老先生端详了我半天，然后说："你这两年老得真快啊！"熬夜催人老啊！

因为写书，成了迟钝的人。无论走到哪个城市，无论讲什么课程，旅行箱里永远装着写作提纲，脑子时时刻刻想的是书的章节，美丽的风景常被浪费。夏天去了武夷山，在著名的九曲溪上漂流，两岸青山，一江碧水，在别人醉心美景的时候，我的脑子里搅成一团的是"该做不该做"和"能人如何不吓人"这两章的结构安排。夏末秋初，到了西湖和大凉山，两个地方都是湖光山色，风光旖旎，在烟水茫茫的湖畔吃着当地的特色美味，我的感觉却如同嚼蜡。在生活情趣上，确实成了很没追求的人。

因为写书，成了躲避熟人的人。喜欢和陌生的人在一起，因为不用招呼，不用应酬，也不用在乎别人的眼光，完全可以投入到书的世界里。导师曾经说过练习呆若木鸡的笑话，现在发现，这真的是需要一种境界才可以的。2007年的元旦前夕，从四川到上海，然后是北京、河北，再途经北京去广东。到达京城的时候已经是华灯初上，节前的北京城车水马龙、张灯结彩。我则推掉了所有的热心邀请和朋友见面的提议，直接从火车站奔机场，然后在候机大厅的角落里陷入了写作状态。路遇一熟人，是白天打过电话的。对方很惊讶地问我，白天不是说在广东吗？我点点头说，现在是在广东啊。对方大笑。

因为写书，成了吝啬鬼。所有的事情都忍不住斤斤计较时间。于是走路变得很快，说话变得很快，吃饭也变得很快。手边随时带着排得密密麻麻的日程，每天醒来就开始想，今天哪个时间段可以用来写书呢？

因为写书，成了在飞机上撕报纸边的人。跟人开玩笑说自己过的是苍蝇一样的生活，主要特点是：到处飞，不择时不择地，不怕脏乱差，飞过去一落地就开始嗡嗡讲。一般来说，飞机上是我补觉的地方，也是娱乐的地方，

后记
我是这样一个写书的人

在旅行途中会看看碟放松一下紧绷的神经。不过,常有些挥之不去的牵挂在大脑的后台运行着,在没有准备的情况下就会突然冒出一个念头,于是就要赶紧找纸记下来,最常用的就是报纸的边角。本书八个章节的题目,是在海航飞机上在一张小名片的背面写下来的,全书的题目则是在国航航班上一个房地产广告的空白处划拉出来的。古人说灵感来自"马上、厕上、枕上",确实有道理。

因为写书,成了忧郁的人。和峨眉山很有缘,2007年下半年先后三次上峨眉山,每次都是在写书最艰难的时候。三到峨眉,都是放弃了游览计划,把讲课之外的全部时间用到写作上。宾馆依山而建,植物茂盛,曲径通幽,我的窗外是几丛修长的竹子,每天下课一直到深夜,都是在写了改、改了写中度过的,有时候一个晚上都毫无进展,只有望竹兴叹。后来,被陪同的老师拉着去山下品尝醪糟煮啤酒和大串烤肉,在浓香扑鼻开怀畅饮的酒桌前,我却是一副魂不守舍的样子。走的时候,霜降已经来临。天上明月高挂,想起自己喜欢的那首关于峨嵋的诗:

  峨嵋山月半轮秋,

  影入平羌江水流。

  夜发清溪向三峡,

  思君不见下渝州。

我也愿意做一朵浪花,沿着山山水水奔流而去,去追寻那片属于自己的美丽月光。

因为写书,成了见了策划人就心虚的人。本来预计2007年上半年交稿,一推再推,从4月到7月再到10月再到12月。其实书的很多内容都是自己平时讲课时讲过的,有些根据录音整理的文字也都是现成的。偏偏自己总想再好一些,再精一些。从语言到书面文字确实有一个艰难的过程。很多时候,口语表达得很准确很清晰的东西,一落实到书面上就混乱了,必须要重新组织语言。一重新组织又发现了,这个内容根本就不是核心,于是连内容也要重新创造。一想到自己的书在面见读者时有很多破绽和毛病,就浑身冒汗。路遥说:"写书的人和卖血的人其实是一个工种。"顶!我也有同感。

因为写书,成了分裂的人。每时每刻都有两个自我在运转,一个在现实中,一个在书里。从西湖论剑的阮公墩,到讲传统文化与现代领导的岳麓书院,再到全球通大讲堂对着几千来宾讲水浒故事,每次讲,都会觉得自己也是一个宽袍大袖的古人,是自己所叙述的那些故事的一部分,故事里的那些人物正和自己生活在一起。

书快写完的时候,接受了一次媒体采访。那是2007年的深秋。采访的地点在北邮学生食堂对面的茗香吧。这是学校里一个比较安静可以写东西和冥想的地方。话题谈到了我比较喜欢的两个人物,一个是三国里的军师诸葛亮,一个是水浒里名不见经传的副军师朱武。两个人都是读书人又都是智者,但是命运却如此不同。诸葛亮处于权力的核心位置,担大任,做大事业,鞠躬尽瘁死而后已;朱武是小人物,在权力外围一个非核心的位置,做自己喜欢的事情,功成身退浪迹江湖。诸葛亮与朱武的价值观和性格倾向是完全不一样的。孔明先生以天下为己任,以做大事业为理想,有自己的政治抱负,凡事追求完美,事必躬亲;朱武先生以朋友为己任,以思想自由和生活快乐为理想,有自己的生活情趣,凡事从容收放,大而化之。真的觉得这是中国传统知识分子的两种典型。一种向外求自己,向天下求成就;一种向内求自己,向心灵求成就。至于说哪个类型更好一些,那恐怕就是仁者见仁、智者见智了。不过我自己可能是朱武一类的人吧。

这次谈话对我有很多触动,我因此思考了自己的人生轨迹,也思考了眼前这本书存在的意义。采访结束后便搭乘夜航飞机飞广州。虽然忙碌,但是

后记
我是这样一个写书的人

这些思考却始终没有停顿。到达天河公园对面的广东邮校已是深夜一点半，广东还是一派夏末感觉，拉着拉杆箱走在静谧的校园里，抬头可以看到猎户座腰带上那三颗闪亮的星，在浩瀚的星空下一边揣摩着流传千年的思想，一边独自走一条黑暗的路，那一刻能感觉到某种来自苍穹的注视，古老而又神秘，让我激动不已……

赵玉平

于北京

再版后记

大胜靠德，常胜靠修

读自己四年前写下的这些文字，如同和过去的自己促膝谈心，感慨良多。四年前动笔写这本书的时候，我的生活是奔波忙碌的，四年后的今天，一切依旧，生活没有改变，但我的状态是有改变的。

此时此刻，我正在首都机场T3航站楼等飞机。候机大厅里人来人往，但是我的心很静很从容。作为作者，我最大的变化是经过四年多的磨砺，虽然忙碌依旧，甚至更忙，但是内心世界变得从容了，就像一杯净水，虽然飞快地打着转，水质却是清澈透明的。

管理不是理论，管理是实践，是个性涵养、行为习惯、为人处世方法等很具体的东西。我坚信，知一丈不如行一寸。当初写书的时候，我曾给自己提了一个要求，就是把自己写的管理知识落实到日常生活当中，这是我最大的挑战，也是我最大的进步所在。比如我会自己坚持，也会要求我的学生坚

再版后记
大胜靠德，常胜靠修

持每天做"五个一"：每天安排一次锻炼，每天记录自己的一个收获，每天读一段书，每天整理一次内务，每天帮助别人收获一声感谢。

"学习"二字有奥妙，"学"是在思维领域改变认知，"习"是在实践领域改变行动。我们既要学管理，更要习管理。学得多，习得少，提升就会比较慢。在梁启超先生撰写的《中国近三百年学术史》当中，谈到学术界的风气与面貌，梁先生痛心疾首地指出知识分子只动口不动手，眼高手低，空谈误国的问题。在这方面，知行合一的大师王阳明先生是中国读书人的楷模。

俗话说"打铁先要自身硬"。其实管理无外乎解决两个问题：一个是"打铁"的问题，一个是"自身硬"的问题。当领导，既要有打铁的水准，也要有自身硬的本钱。

其实，每个写书的人都有两种状态：生活在别处，还是生活在此处。四年前开始写这本书的时候，我是生活在别处的。现在我落地了，我生活在此处。当下的琐碎事务、细小的烦恼，让我体会到了生活本身的一种平实细腻又略带沧桑粗粝的美。我想，一个管理者，面对每天纷繁琐碎的人和事，他需要一种清澈、平和、专注、超脱的状态。

小胜靠智，大胜靠德，常胜靠修。修得到位了，一个人的身上就会出现一种东西，叫作"气场"。按照物质、信息、能量的观点来看，气场应该是属于能量范畴的。这种能量，会把一个人推到一个能干成事业的高度。修的过程如同扫地，今天扫了，明天仍需继续扫。常扫常有，常扫常新。

我们学知识，仰慕古人先贤，倾听他们的故事和主张，其实都是为了给自己准备一些精神上的干粮，在干瘪空乏的时候，可以吃上几口，恢复元气。

本书中的八章包含着八个历史故事，这些故事其实是有关领导艺术的八种思维状态的浓缩，相当于八份压缩饼干，滋味与营养各有不同，但是块块实惠有咬劲，值得品味。今天看起来，本书有一些文字写得有点过于理论化，有些章节设计得比较散。但是文无定法,文成法定,既已成文,便有了它自己的逻辑,运行着它自己的小宇宙,算是一个整体。所以,此次再版,整体框架未做改变,只是对部分文字做了调整,并增加了部分内容,以补缺憾。

编辑建议的书名是《领导的气场》,以便于传播和认知。孩子改名,说事大也算大,说事小其实也小,本着从善如流、倾听专家的原则,本书有了现在的新名字。见仁见智,全凭读者法眼,此举求新求变,也体现创作团队的追求。

最后,特此向为本书出版付出辛苦的各位编辑表示感谢,向展卷阅读的各位读者朋友表示感谢,向我的导师和家人表示感谢,谢谢你们对我的支持!我会继续努力的!

赵玉平

于北京邮电大学明光楼